Rainer A. Krewerth
Ilka Nüßing

Durch die stille Jahreszeit

Advent bis Dreikönige in Westfalen

Aschendorff Münster

Anne Mußenbrock malte diese Symbole zur stillen Jahreszeit

Zu diesem Buch

»Durch die stille Jahreszeit« soll dieses Buch seine Leser begleiten. Für jeden Tag vom 1. Dezember bis zum 6. Januar gibt es fröhlich bebilderte Seiten mit Vorschlägen für lustige und besinnliche Stunden in der Weihnachtszeit.

Das Titelbild von Annegert Fuchshuber, die im Frühjahr 1998 in ihrer Heimatstadt Augsburg starb, fängt schon viel ein von dem, was wir unseren Lesern auf 128 Seiten anbieten möchten – ein bewußtes Erleben der Wochen, in denen erst eins, dann zwei, dann drei, dann vier Lichtlein brennen, in denen der Nikolaus mit seinem Knecht Ruprecht kommt, das Christkind geboren wird und schließlich die Heiligen Drei Könige dem Kind in der Krippe von Bethlehem ihre Aufwartung machen.

»Durch die stille Jahreszeit« wollen wir mit unseren Lesern gehen – mit Liedern und Geschichten, Bildern und Gedichten, Spielen und Bastelarbeiten, Wanderungen in die winterliche Natur, Fährtensuche in (hoffentlich) verschneiter Landschaft.

Gemeinsam mit dem Verlag Aschendorff in Münster haben wir – Vater und Tochter – uns vorgenommen, die stille Zeit des Dezember und des Januar ganz bewußt neu zu erleben und sinnvoll zu gestalten.

Wenn es im Untertitel unseres Buches »Advent bis Dreikönige in Westfalen« heißt, so trifft das nur bedingt zu. Denn viel vom weihnachtlich-winterlichen Brauchtum hierzulande ist gar nicht so westfälisch, vieles ist gewissermaßen importiert. Wir wollten keineswegs vergessen, daß nach 1945 Millionen Flüchtlinge und Vertriebene in den deutschen Westen kamen, also auch nach Westfalen, und ihre Bräuche hierzulande einführten. Wenn also eine »Liegnitzer Bombe« gebacken wird, so hat das schlicht diesen Sinn: Wir möchten daran erinnern, daß Schlesier, Sudetendeutsche, Ostpreußen, Pommern hierher verjagt wurden und – nach schlimmen Anfangsjahren – neue Heimat fanden. Die Erinnerungen von Gerd Mattheis haben uns, ebenso wie die von Thea Rudolph, zutiefst berührt.

Wir haben Dank abzustatten; Dank den vielen befreundeten Künstlern, die uns kunterbunte Bilder malten, Bilder aus der stillen Jahreszeit. Dank auch den Autoren und Verlagen, die uns Texte zur Verfügung stellten. Dank schließlich Dr. Thomas Ostendorf vom Krippenmuseum in Telgte, der uns über Monate hinweg getreulich beraten und viele Texte zu unserem Buch beigesteuert hat.

Wir wünschen von Herzen eine nachdenklich-stille Jahreszeit!

Rainer A. Krewerth   Ilka Nüßing

Die Wichtel

oder auch Zwerge sind nach uraltem Volksglauben winzige, geisterhafte Wesen, die den Menschen oft Gutes tun. Deshalb wird beim Schenken seit langer Zeit gern vom »Wichteln« gesprochen. Heimlich beschenkt man sich gegenseitig. Wichtel kommen als Erdgeister, geschickte Schmiede und Bergleute vor. Auch besitzen sie oft große Schätze. Sie tragen die verschiedensten Namen: Unterirdische, Grau- oder Erdmännchen, Erdschmiedlein oder -wichtel, Berg- und Wichtelmännchen. Am bekanntesten aber sind sie als Heinzelmännchen – zum Beispiel als jene Heinzelmännchen von Köln, die wir durch ein Gedicht kennen.

In diesem Buch tauchen die Wichtel häufig auf, in Texten, Bildern und vor allem bei einer Bastelanleitung. Wie wär's, wenn Du solch einen Wichtel selbst herstelltest und als Zeichen Deines guten Willens den Eltern oder Geschwistern schenktest?! Aber *pssst* – es muß alles ganz heimlich gehen, wie bei den guten alten Wichteln auch...

Wir sagen
euch an
den lieben
Advent...

Advent

Es treibt der Wind im Winterwalde
die Flockenherde wie ein Hirt,
und manche Tanne ahnt, wie balde
sie fromm und lichterheilig wird,
und lauscht hinaus. Den weißen Wegen
streckt sie die Zweige hin – bereit,
und wehrt dem Wind und wächst entgegen
der einen Nacht der Heiligkeit.
Rainer Maria Rilke

1. Dezember

Bastel einen Adventskranz

Du brauchst:
- einen fertig gebundenen Kranz aus Stroh, Heu oder Styropor
- verschiedenes Grün, z.B. Tannen-, Fichten- oder Kiefernzweige oder Buchsbaum
- Draht zum Binden
- vier Kerzen
- Sachen zum Schmücken des Kranzes

So wird der Kranz gemacht:
Um den Kranz bindest Du mit Draht möglichst dicht nebeneinander die kleinen Zweige. Zu Beginn knotest Du den Draht an dem Kranz fest und legst jeweils drei Zweige an den Kranz und umwickelst beides mit Draht. Die nächsten Zweige legst Du jeweils so, daß sie den zuvor mit Draht gebundenen Teil mit ihren Spitzen voll überdecken.

Du solltest ganz dicht nebeneinander binden, da der Adventskranz so schön buschig wird. Am Schluß kneifst Du den Draht mit einer Zange oder Schere ab und verknotest ihn mit der ersten Drahtschlaufe. Nun ist Dein Adventskranz gebunden.

Jetzt solltest Du die Kerzen auf dem Kranz befestigen, indem Du z.B. einen Nagel von unten in die Kerze steckst und die Kerze so auf den Kranz drückst. Es gibt aber auch Kerzenhalter zu kaufen, die einfach auf den Adventskranz aufgesteckt werden und zusätzlich das beim Brennen der Kerzen herunterlaufende Kerzenwachs auffangen.

Den fertigen Adventskranz kannst Du nun mit verschiedenen Dingen, die Dir gefallen, schmücken. Du kannst aus dem Wald gesuchte Zapfen oder Vogelbeeren benutzen, vielleicht aber auch Bänder und Perlen.

Die Heinzelmännchen

Wie war in Köln es doch vordem
mit Heinzelmännchen so bequem!
Denn war man faul, so legte man sich
hin auf die Bank und pflegte sich:
        Da kamen bei Nacht,
        eh' man's gedacht,
        die Männlein und schwärmten
        und klappten und lärmten
        und rupften
        und zupften
        und hüpften und trabten
        und putzten und schabten.
Und eh' ein Faulpelz noch erwacht,
war all' sein Tagewerk bereits gemacht.

Die Zimmerleute streckten sich
hin auf die Spän' und reckten sich.
Indessen kam die Geisterschar
und sah, was da zu zimmern war,
        nahm Meißel und Beil
        und die Säg' in Eil;
        sie sägten und stachen
        und hieben und brachen,
        berappten
        und kappten,
        visierten wie Falken
        und setzten die Balken.
Eh' sich's der Zimmermann versah,
klapp, stand das ganze Haus schon fertig da.

Beim Bäckermeister war nicht Not,
die Heinzelmännchen backten Brot.
Die faulen Burschen legten sich,
die Heinzelmännchen regten sich
        und ächzten daher
        mit den Säcken schwer
        und kneteten tüchtig
        und wogen es richtig
        und hoben und schoben
        und fegten und backten
        und klopften und hackten.
Die Burschen schnarchten noch im Chor,
da rückte schon das Brot, das neue, vor.

Beim Fleischer ging es just so zu:
Gesell und Bursche lagen in Ruh,
indessen kamen die Männlein her,
hackten das Schwein die Kreuz und die Quer.
        Das ging so geschwind
        wie die Mühl' im Wind.
        Die klappten mit Beilen,
        die schnitzten an Speilen,
        die spülten,
        die wühlten
        und mengten und mischten
        und stopften und wischten.
Tat der Gesell die Augen auf,
    wupp, hing die Wurst schon im Ausverkauf.

Beim Schenken war es so: es trank
der Küfer, bis er niedersank,
am hohlen Fasse schlief er ein.
Die Männlein sorgten um den Wein
    und schwefelten fein
    alle Fässer ein
    und rollten und hoben
    mit Winden und Kloben
    und schwenkten
    und senkten
    und gossen und panschten
    und mengten und manschten.
Und eh' der Küfer noch erwacht,
war der Wein geschönt und fein gemacht.

Einst hatt' ein Schneider große Pein
der Staatsrock sollte fertig sein,
warf hin das Zeug und legte sich
hin auf das Ohr und pflegte sich.
    Da schlüpften sie frisch
    auf den Schneidertisch
    und schnitten
    und rückten
    und nähten und stickten
    und faßten
    und paßten
    und strichen und guckten
    und zupften und ruckten.
Und eh' mein Schneiderlein erwacht,
war Bürgermeisters Rock bereits gemacht.

Neugierig war des Schneiders Weib
und macht sich diesen Zeitvertreib:
streut Erbsen hin die andre Nacht.
Die Heinzelmännchen kommen sacht,
    eins fährt nun aus
    schlägt hin im Haus,
    die gleiten von Stufen
    und plumpen von Kufen,
    die fallen
    mit Schallen,
    die lärmen und schreien
    und vermaledeien.
Sie springt hinunter auf den Schall
mit Licht: Husch, husch, husch, husch! —
verschwinden all.

Oh weh! Nun sind sie alle fort
und keines ist mehr hier am Ort!
Man kann nicht mehr wie sonsten ruhn,
man muß nun alles selber tun.
    Ein jeder muß fein
    selbst fleißig sein
    und kratzen und schaben
    und rennen und traben
    und schniegeln
    und bügeln
    und klopfen und hacken
    und kochen und backen.
Ach, daß es noch wie damals wär'!
Doch kommt die schöne Zeit nicht wieder her.

August Kopisch

Feine Liegnitzer Bomben

Schlesisches Weihnachtsgebäck. Man nehme 250g Zucker, 5 Eier, 140g Zitronat, 5g Zimt, 5g Nelken, 1 Prise Pfeffer, 1 Messerspitze Kardamon, 350g Honig, 125 g Butter, 1/16 Liter Rum oder Arrak, 15 g Pottasche in 2 Eßlöffeln Rosenwasser gelöst, 50g Kakao, 500 g Mehl, 125g Korinthen, nach Belieben 125 g Mandeln oder Nüsse. Zum Guß 250g Schokolade, 350–400g Puderzucker, 3 Eßlöffel Kakao, Wasser nach Bedarf.

Zucker und Eier eine halbe Stunde lang schaumig rühren. Würflig geschnittenes Zitronat, die Gewürze, den mit Butter zusammen gelösten, abgekühlten Honig, Arrak oder Rum zufügen, die in Rosenwasser gelöste Pottasche durch ein Sieb dazu gießen, Kakao und Mehl dazugeben, Korinthen beimischen, Schwarzblechringe von 6–7 cm Höhe und 7–8 cm Durchmesser an einer Seite mit Butterbrotpapier abschließen. Rand und Boden fetten. Die Formen werden bis reichlich zur Hälfte mit Teig gefüllt, auf einem Blech 20–30 Minuten bei schwacher Hitze gebacken. Heiß stürzen und mit dickem Schokoladenguß übergießen.

Die Liegnitzer Bomben schmecken umso besser, je länger man sie liegen läßt. Also am 1. Dezember backen und erst am 6. Januar essen. Dazu schneidet man die Bombe von oben nach unten in Scheiben.

Advent

Advent! Advent!
Ein Lichtlein brennt,
erst eins, dann zwei,
dann drei, dann vier,
dann steht das Christkind
vor der Tür.

2. Dezember

Bastel eine Schneeflocke für das Fenster

Du brauchst:
- eine Prickelnadel oder eine dicke stumpfe Nähnadel
- ein Stück alten Teppich als Unterlage

Prickel an der schwarzen Linie entlang, bis die Schneeflocke sich aus dem Blatt im Buch herauslösen läßt. Du mußt dabei viele kleine Stiche nebeneinander setzen. Nun kannst Du die Schneeflocke mit durchsichtigen Klebestreifen an die Fensterscheibe heften.

Falls Dir das Buch zum Prickeln zu schade ist, mach vorher eine Fotokopie vom Bild oder zeichne es nach – auch bei den anderen Prickelbildern oder bei den Vorlagen zum Nähen.

Schneeflöckchen, Weißröckchen

Schneeflöckchen, Weißröckchen,
da kommst du geschneit;
du kommst aus den Wolken,
dein Weg ist so weit.

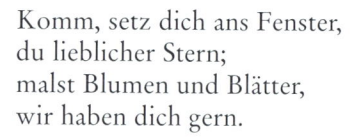

Komm, setz dich ans Fenster,
du lieblicher Stern;
malst Blumen und Blätter,
wir haben dich gern.

Schneeflöckchen, du deckst uns
die Blümelein zu,
dann schlafen sie sicher
in himmlischer Ruh'.

Die köstlichen Weihnachtssteine

Es ist noch gar nicht so lange her, da lebte in dem westfälischen Dörfchen Velsingen eine muntere Schar geheimnisvoller Zwerge. Man sagt, sie hätten sich besonders gern in Stratmanns Elberg, im Poggenbrink und im Dielenknapp aufgehalten. Die Zwerge galten als freundlich und hilfsbereit. Bei den Leuten in dieser einsamen Gegend hießen sie mal Heinzelmännchen, mal Erdmännchen, mal Wichtelmännchen.

Bei aller Freundlichkeit, die ihnen nachgesagt wurde, waren sie recht scheu und ließen sich nicht gern von den riesigen Menschen sehen. Aber bei Nacht zeigten sie ihre Hilfsbereitschaft und nahmen den Bauern viel von deren harter Arbeit ab. Sie hatten gelernt, schmackhaft zu backen, sauber zu dreschen, gewissenhaft das Korn zu mahlen, entlaufene Tiere einzufangen und stets ordentlich die Höfe zu kehren.

Bei Tagesanbruch, mit dem ersten Hahnenschrei, verschwanden sie in Richtung Elberg, Poggenbrink und Dielenknapp. Die Bauern aber freuten sich ihres Lebens – die meiste Arbeit war ja getan.

Nun mußten die Erdmännchen in Velsingen von irgend etwas leben. Dankbar nahmen sie von ihren Bauern als kleinen Lohn Lebensmittel an – mal ein Brot, mal ein Stück Schinken, dann wieder ein paar Eier oder auch ein Körbchen mit Äpfeln, Birnen, Himbeeren oder Kirschen. Dieser bescheidene Lohn für tüchtige Hilfe wurde von den Bauern meist unter dem riesigen Baum hinterlegt, der weit über Velsingen hinaus als Verlobungsbuche bekannt war.

Bei Nacht holten die Wichtelmännchen – man sagt, es seien sieben gewesen – ihre Nahrung ab. Vor und nach ihrer nächtlichen Schufterei wollten sie sich stärken. Getrunken haben sie aus einem Bächlein, das im Volksmund Zwergenhessel hieß.

Viele Jahre ging alles gut. Doch da gab es in Velsingen einen ganz knickerigen Bauern, einen Knickstiewwel, wie man in Westfalen sagt. Ja – die nächtliche Hilfe der Erdmännchen genoß er sehr; er konnte morgens länger schlafen als andere und tagsüber mit seinem Einspänner lustig von Kneipe zu Kneipe fahren. Nur vergaß er leider, unter der Verlobungsbuche den Lohn der Nahrungsmittel abzulegen.

Als er dafür von seinen Nachbarn gerügt wurde – es war zur Weihnachtszeit –, da kam ihm eine böse Idee. Hinter seiner Scheune hatte er Steine liegen, winzige Findlinge, die fast wie köstliches Weihnachtsgebäck aus Nürnberg, Dresden oder Aachen aussahen. Au fein, dachte er sich, malte die Steine an und legte sie unter die Verlobungsbuche.

Au fein, das dachten die Wichtelmännchen von Velsingen auch. Sie wollten Weihnachten feiern wie alle anderen in Velsingen und Umgebung. Aber als sie in das herrliche Backwerk knabberten, bissen sie auf Steine aus der Eiszeit. Die hilfreichen nächtlichen Knechte waren so erbost, daß sie Velsingen verließen. Niemand weiß, wohin sie gewandert sind.

Aber seit jenem Weihnachtsfest legten die Velsinger dem geizigen Nachbarn, dem Knickstiewwel, jedes Jahr zum Christfest angemalte Findlingswinzlinge vor die Türe, köstliches Backwerk aus uraltem Stein. Man sagt, er habe vor Wut damit um sich geworfen.

Der Knickepinn ist längst gestorben. In der Nacht nach seinem Begräbnis, so hört man, haben die Erdmännchen von Velsingen an seinem Grab geweint. Woher sie gekommen waren, kann niemand mehr sagen.

Rainer A. Krewerth
Nach einer Sage aus dem Kreis Warendorf

Herr Schnee

Als die Leute noch Holzschuhe trugen, lebte im Sauerland ein stattlicher Kaufmann, dessen Kopf so kugelig auf dem dicklichen Leib saß, daß jedermann, der ihn sah, unwillkürlich an einen Schneemann dachte. Zu allem Überfluß hieß der Kaufmann Schnee, trug zum weißen Anzug mit dunklen Knöpfen stets Zylinder und Stock, hatte kohlrabenschwarze Augen und vom vielen Weintrinken eine rote Nase, und selbst die kurzen strammen Beine wirkten kugelig.

Herr Schnee gefiel sich sehr als leibhaftiger Schneemann, und wenn die Kinder im Winter an allen Ecken Schneemänner bauten, bildete er sich ein, dies geschähe nur zu seiner Ehre. Dann lief er stundenlang durch die Stadt und wußte vor lauter Selbstgefälligkeit nicht, in welchem Schneemann er sich zuerst bewundern sollte. Damit die Kinder auch tüchtig Schneemänner machten, versprach er für jeden neuen einen ganzen Silbergroschen Belohnung, und vor seinem Haus lagen Berge von schwarzen Kohlen, roten Mohrrüben, langen Reisigbesen und alten Töpfen – für neue Schneemänner sollte sich jedermann dort bedienen.

So freigebig Herr Schnee auftrat, wenn er nur sich selbst gefallen konnte, so verschlossen zeigte er sich, wenn andere ihn um eine milde Gabe baten. So rührte ihn in einem strengen Winter nicht einmal das Elend im Nachbarhaus. Dort lag ein Nagelschmied schon viele Wochen ernstlich krank und ohne Arbeit, und in sein Haus waren zur Frau und den sechs kleinen Kindern zusätzlich beißender Hunger und bittere Kälte eingezogen. Und wenn die Kleinen nach den Kohlen und den Möhren vor des Kaufmanns Haus langten, schlug dieser es ihnen aus den Fingern und schalt sie ein elendes Diebsgesindel.

Nun gab es in dieser Stadt auch Wichtel, die zwar noch nie jemand gesehen hatte, doch von denen man sicher wußte, weil immer mal wieder von Unbekannten geschenkt und geholfen wurde – und das konnten ja nur Wichtel sein. In jenem harten Winter bekam man endlich einen ehrwürdigen Wichtel mit Bart und Zipfelmütze zu sehen, und das kam so.

Es geschah an einem stillen Sonntagmorgen. Zwar strahlte die Sonne, doch war's empfindlich kalt. Als der Kaufmann schlaftrunken ans Fenster trat, traute er seinen Augen nicht: Der Schnee, der noch am Abend vorher alles hoch bedeckt hatte, war restlos von den Straßen und Dächern, von den Bäumen und Gärten verschwunden. Abgetragen waren auch die Kohlen, Möhren und die anderen Berge vor seinem Haus. Vor des Nagelschmieds Garten aber versammelten sich mehr und mehr Leute, die mit offenen Mündern in den Garten schauten.

Und dort standen sie: Tausend Schneemänner in Reih und Glied, und alle blickten mit ihren schwarzen Kohleaugen zum bestürzten Kaufmann herüber, alle bis auf die ersten zwanzig, denn denen hatten diese Nagelschmiedkinder schon die Kohlen für den Ofen aus den Kugelköpfen gepflückt.

»Elendes Diebsgesindel!« empörte sich der Kaufmann und stürzte im Nachthemd auf die Straße und den Garten zu, seinen Stock in der Hand und wütend, den Nagelschmied zu strafen. Da stellte sich ihm plötzlich – wie aus dem Boden gewachsen – der ehrwürdige Wichtel in den Weg, verbot ihm, das Grundstück des Nachbarn zu betreten und verlangte ihm für die eintausendzweihundertundsieben neuen Schneemänner, die die Wichtel über Nacht geschaffen hatten, hundert Taler und sieben Silbergroschen ab. Wohl oder übel mußte Herr Schnee zahlen. Das viele Geld schenkte der Wichtel der Familie des Nagelschmieds, die endlich den Hunger aus dem Haus treiben konnte – und ebenso die Kälte, denn Kohlen gab's ja nun reichlich im Garten.

Der Kaufmann aber hatte den Schaden und zudem den Spott der Leute. Um nie mehr einen Schneemann sehen zu müssen, zog er weit fort in den heißen Süden; im Sauerland ließ er sich nicht mehr blicken. Einen Wichtel bekam man dort seitdem aber auch nicht mehr zu Gesicht.

Thomas Ostendorf

Das Gewicht der Schneeflocke

»Es schneit«, sagte der Wolf.

»Was du nicht sagst, Gevatter«, brummte der Bär.

»Mehr als tausend Schneeflocken«, sagte der Fuchs, »aber auf meinem Pelz spüre ich sie überhaupt nicht!«

»Sie schmelzen auf meiner Hasennase«, sagte der Hase, und dann fügte er noch nachdenklich hinzu: »Man spürt sie nicht. Doch sie haben ein Gewicht!«

»Eine Schneeflocke wiegt weniger als nichts«, knurrte der Wolf.

»Und sie hat keine Kraft«, brummte der Bär.

»Aber sie wiegt doch etwas, und sie hat auch Kraft«, sagte der Hase.

Die Tiere gerieten in Streit, ob eine Schneeflocke etwas wiegt oder nicht.

»Wir wollen die Schneeflocken zählen, die da auf den alten, dicken Ast fallen«, sagte der Hase. »Da wird man ja sehen, ob eine Schneeflocke Gewicht hat.«

Der Bär und der Wolf lachten so laut, daß es durch den ganzen Wald schallte. Aber weil sie gerade nichts Besseres zu tun hatten, zählten sie mit: Eins ... zwei ... drei ... vier ... fünf ... sechs ... sieben ... Als sie bei zweitausendachthundertsiebenundsechzig angekommen waren, sagte es plötzlich »Krach«, und der dicke, mächtige Ast brach ab.

»Der Hase hat recht«, knurrte der Wolf, und sogar der Bär wunderte sich über die Kraft der Schneeflocken.

Frederik Vahle

3. Dezember

Bastel einen Wichtel

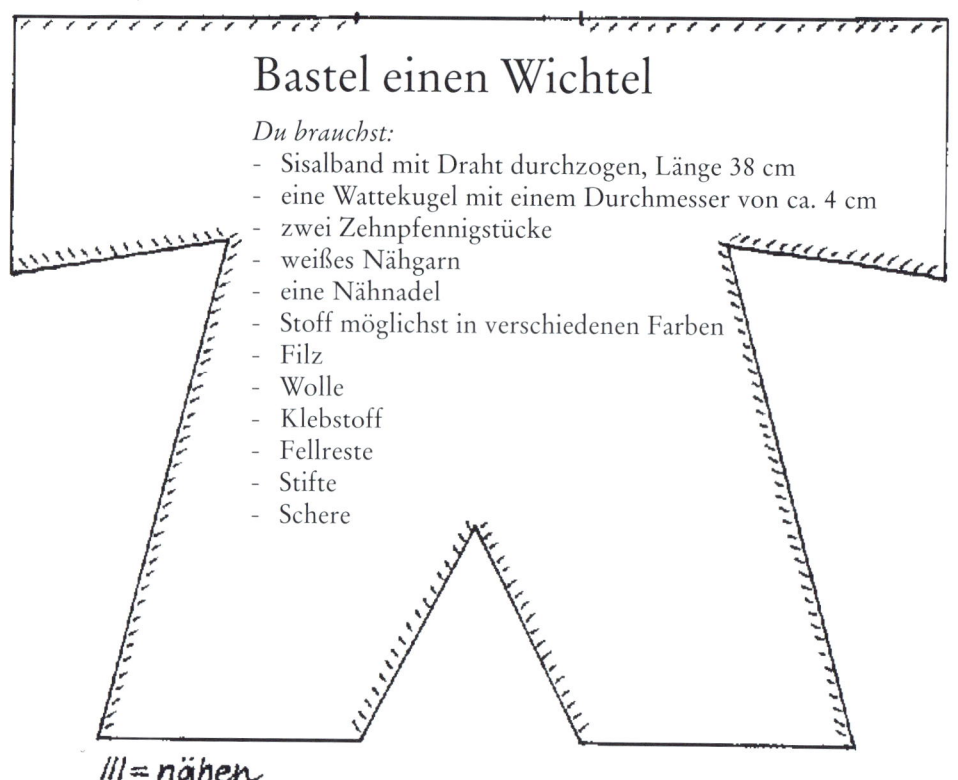

Du brauchst:
- Sisalband mit Draht durchzogen, Länge 38 cm
- eine Wattekugel mit einem Durchmesser von ca. 4 cm
- zwei Zehnpfennigstücke
- weißes Nähgarn
- eine Nähnadel
- Stoff möglichst in verschiedenen Farben
- Filz
- Wolle
- Klebstoff
- Fellreste
- Stifte
- Schere

/// = nähen

Zunächst trennst Du zwei Stränge Sisalband mit je einer Länge von 15 cm ab und einen Strang mit 8 cm.

Lege die beiden langen Stränge aneinander. Die Beine und Arme kannst Du durch Biegen des Bandes herausarbeiten. So liegt nun nur noch der mittlere Teil des Bandes zusammen. Schaue Dir das Foto genau an, so kannst Du erkennen, wie der Körper des Wichtel gebogen wird.

Umwickle nun mit dem Nähgarn den kürzeren Sisalstrang um die beiden Stränge, so daß ein kleines Sisalband zum Aufstecken des Kopfes übersteht.

Schneide Dir aus einem hellen Stoff für die Hände zwei Quadrate von je 6 mal 6 cm. Stülpe das Quadrat um die Enden der Arme und umwickle diese mit Nähgarn. Denke daran, das Ende des Garns zu verknoten.

So machst Du es auch bei dem anderen Arm.

Schneide Dir nun aus einem Stoff Deiner Wahl für die Füße Quadrate von je 8 mal 8 cm aus.

Lege einen Groschen in die Mitte des Quadrats und stülpe dieses um die Enden der Beine und umwickle dieses mit Nähgarn. Verknote noch das Ende des Garns.

So machst Du es auch an dem anderen Bein.

Durch die Groschen an den Beinen sieht es aus, als ob der Wichtel Schuhe trägt, und außerdem kann er so stehen.

Die Wattekugel dient als Kopf. Diese Kugel klebst Du mit Klebstoff auf den Hals Deines Wichtels.

So, nun hast Du den Körper fertig.

Die Kleidung des Wichtels kannst Du Dir leicht selber herstellen. Fotokopiere die Muster aus dem Buch oder zeichne sie nach, schneide sie aus und lege sie auf den Stoff Deiner Wahl. Die Mütze und das Halstuch sollten aus Filz sein, da dieser Stoff an den Schnittflächen nicht ausfranst.

Den Anzug des Wichtels mußt Du mit Nadel und Faden von der linken Seite zusammennähen und ihn danach wenden. Wo Du nähen mußt, zeigen die Markierungen auf dem Muster.

Ziehe dem Wichtel nun den Anzug an und schlage die Ärmel und Hosenbeine nach innen.

Der Wichtel braucht jetzt noch einen Bart und Haare. Schneide aus Deinem Fellrest kleine Stückchen heraus und klebe sie an den Kopf. Nun kannst Du dem Wichtel noch ein niedliches Gesicht malen.

Klebe den Stoff der Mütze mit Klebstoff zur Tüte zusammen und klebe sie an die Wattekugel.

Lege dem Wichtel nun noch ein Halstuch um und binde ihm aus Wolle einen Gürtel.

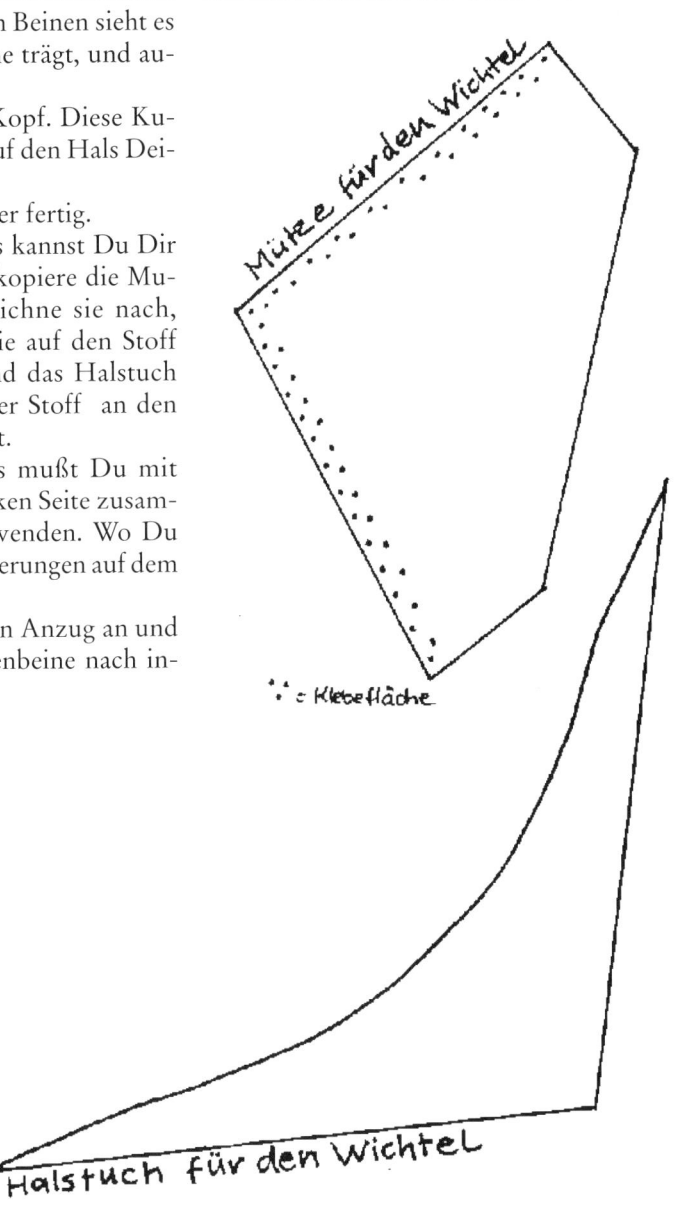

Mütze für den Wichtel

.. = Klebefläche

Halstuch für den Wichtel

Und das nicht nur zur Sommerzeit: Im Zoo ist immer etwas los

Der Allwetterzoo in Münster bietet besonders in der stillen Jahreszeit ein Programm an, das Kindern, Eltern, Großeltern und überhaupt allen Tierliebhabern Freude machen wird.

Am Nikolaus-Tag

An jedem 6. Dezember lädt der Allwetterzoo zum Rundgang mit Nikolaus und Knecht Ruprecht durch den dunklen Zoo ein.

Nach dem regulären Kassenschluß im Winter, also ab 16 Uhr, ist Einlaß zum stark ermäßigten Eintrittspreis. Nach der Begrüßung aller kleinen und großen Gäste und dem Singen von Liedern führt Nikolaus den Lichterzug (die Kinder bringen Laternen mit) durch den Zoo.

Erstes Ziel ist das Elefantenhaus. Dann geht es weiter zum Aquarium. Überall erzählt der Nikolaus eine Geschichte, und man kann sich bei Waffeln, Kinderpunsch und Glühwein aufwärmen. Zum Schluß gibt es für jeden kleinen Teilnehmer eine Überraschung.

Am Heiligabend

Tradition hat auch der Vormittagsrundgang mit Zoodirektor Jörg Adler. Kinder und ihre Väter (natürlich auch Mütter), die zu Hause vielleicht beim Weihnachtsbaumschmücken stören, sind herzlich eingeladen, mit dem Zoochef von Gehege zu Gehege zu bummeln und Interessantes »aus erster Hand« zu hören.

Eine Führung zu Tieren der Bibel

Ein Biologe geht am Freitagnachmittag mit den Teilnehmern durch den Zoo und stellt die Tiere vor, die schon in der Bibel eine Rolle gespielt haben. Es geht zum Löwen des Daniel, zu Ochs und Esel oder auch zu Syrischen Braunbären, Geparden, Leoparden.

Informationen über die Führungen, Eintrittspreise usw. gibt es unter der Telefonnummer 0251/89040.

Eine Führung hinter Zäune und Kulissen des Zoos

Die Telefonnummer 0251/89040 sollte auch wählen, wer ein weiteres Angebot des Allwetterzoos annehmen möchte. Studenten des Zoologischen Instituts der Universität Münster führen ihre Gäste hinter die Kulissen und Zäune. Ein ganz ungewöhnliches Erlebnis: Kinder streicheln »Raubtiere« wie etwa Geparden oder nehmen Affen auf den Arm. Zweieinhalb Stunden dauert solch eine Führung – und kostet für die ganze Gruppe nur 50 Mark. In Abstimmung mit dem Allwetterzoo oder dem Institut können bis höchstens 30 Personen sich anmelden und ihre besonderen Wünsche äußern. Eine andere Telefonnummer dazu vom Zoologischen Institut: 0251/8323885.

Malerei auf Zinn

Das ist ein besonderes Vergnügen, und ganz bestimmt nicht nur zur Winterszeit: Zinnfiguren selbst bemalen! Ihr bestellt Euch Rohlinge und Farben, dazu gute Pinsel, und bemalt Nikoläuse (siehe auch Seite 29), Engel, Winterszenen, Adventskränze oder einen Weihnachtsmarkt. Hunderte von Motiven gibt es. Einen Katalog könnte Ihr bestellen bei *Wilhelm Schweizer-Zinnfiguren, Herrenstraße 7, 86911 Diessen am Ammersee.*

4. Dezember

Die Legende von der heiligen Barbara

Die Geschichte von der heiligen Barbara endet sehr traurig. Der Brauch aber, der sich aus der Legende entwickelt hat, stimmt tröstlich. Sie lebte im 3. Jahrhundert in Nikomedia in Kleinasien. Heute heißt die Stadt Izmir und ist eine türkische Hafenstadt am Marmarameer. Ihr Vater Dioskorus war Heide. Er liebte seine Tochter über alles. Er war auch eifersüchtig und argwöhnisch. Wenn er verreisen mußte, sperrte er sie in einen Turm, der zwei Fenster hatte. So erzählt es die Legende.

Barbara besaß zwar alles, was man sich zur damaligen Zeit wünschen konnte. Aber dennoch war sie einsam und unglücklich.

Da erfuhr sie eines Tages von Christus, sah in einem christlichen Leben ihre Aufgabe und ließ sich taufen. Es war die Zeit der Christenverfolgung unter Kaiser Decius in den Jahren 249–251.

Und als der Vater wieder einmal von einer Reise zurückkam – heißt es im Legendenbericht weiter –, entdeckte er am Turm ein drittes Fenster.

Er stellte seine Tochter zur Rede, und sie gestand ihm alles: daß sie Christin geworden war und das dritte Fenster hatte anbringen lassen, damit sie öfter an die Heilige Dreifaltigkeit denken konnte. Denn die drei Fenster sollten sie an Gott Vater, an Gott Sohn und an den Heiligen Geist erinnern.

Für den Vater zerbrach eine Welt. Er redete auf sie ein, er drohte. Es nutzte nichts. Er versuchte alles – vergeblich. Aus Enttäuschung und Wut über ihren Starrsinn zeigte er sie selber an. Sie starb – noch keine 20 Jahre alt – für ihren Glauben.

Das Fest der heiligen Barbara wird am 4. Dezember gefeiert. Sie gehört zu den 14 Nothelfern und ist Schutzpatronin der Bergleute, der Gefangenen, der Glöckner und der Artillerie.

Barbarazweige

Barbara soll – heißt es in der Legende – während der Zeit ihrer Gefangenschaft von den Wassertropfen ihres Trinknapfes ein verdorrtes Kirschbaumzweiglein getränkt haben. Und als sie eines Tages im Bewußtsein des Todesurteils von den Wärtern in ihre Zelle zurückgestoßen worden sei, hätten sich Knospen an dem Zweiglein gebildet und seien aufgeblüht. Darauf führt man den Brauch mit den Barbarazweigen zurück.

Wer am 4. Dezember, am Tag der heiligen Barbara, Obstbaumzweige abschneidet und ins Wasser stellt, wird zu Weihnachten blühende Zweige im Zimmer haben.

Man schneidet dazu am besten nach dem ersten Frost mit einem scharfen Messer Zweige vom Fliederbusch, Jasmin-, Schlehdorn-, Hasel- oder Forsythienstrauch, vom Apfel-, Birn-, Kastanien-, Pflaumen- oder Kirschbaum ab, klopft die Schnittstellen der Zweige mit dem Hammer mürbe, damit das Wasser leichter aufgenommen werden kann. Dann steckt man die Zweige in eine Vase und stellt sie ein paar Tage an einen kühlen Ort. Anschließend wird frisches Wasser in die Vase gefüllt, und die Zweige werden eingestellt. Nun gibt man etwas Blumendünger dazu und stellt die Vase ins Wohnzimmer. Es macht viel Spaß, zu beobachten, wie bald sich aus den scheinbar verdorrten Zweiglein Blätter und Blüten bilden.

Am 4. Dezember

Geh in den Garten
am Barbaratag.
Gehe zum kahlen
Kirschbaum und sag:

Kurz ist der Tag,
grau ist die Zeit.
Der Winter beginnt,
der Frühling ist weit.

Doch in drei Wochen,
da wird es geschehn:
Wir feiern ein Fest,
wie der Frühling so schön.

Baum, einen Zweig
gib du mir von dir.
Ist er auch kahl,
ich nehm ihn mit mir.

Und er wird blühen
in seliger Pracht
mitten im Winter
in der heiligen Nacht.
Josef Guggenmos

Fährtensuche
in Wald und Flur

Tja, liebe Kinder, der Nikolaus steht vor der Tür und mit ihm sein Knecht Ruprecht. Die haben sich etwas Kniffliges ausgedacht, damit Euch besser die Zeit vergeht. Auf diesen zwei Seiten seht ihr Tierspuren aus Wald und Feld. Wenn Ihr genau hinseht, ist der Boden in der Natur von solchen Spuren geradezu übersät. Am besten lassen sie sich auf feuchtem Untergrund oder im Schnee erkennen. Hoffen wir, daß der Winter uns in diesem Jahr Schnee schenkt!

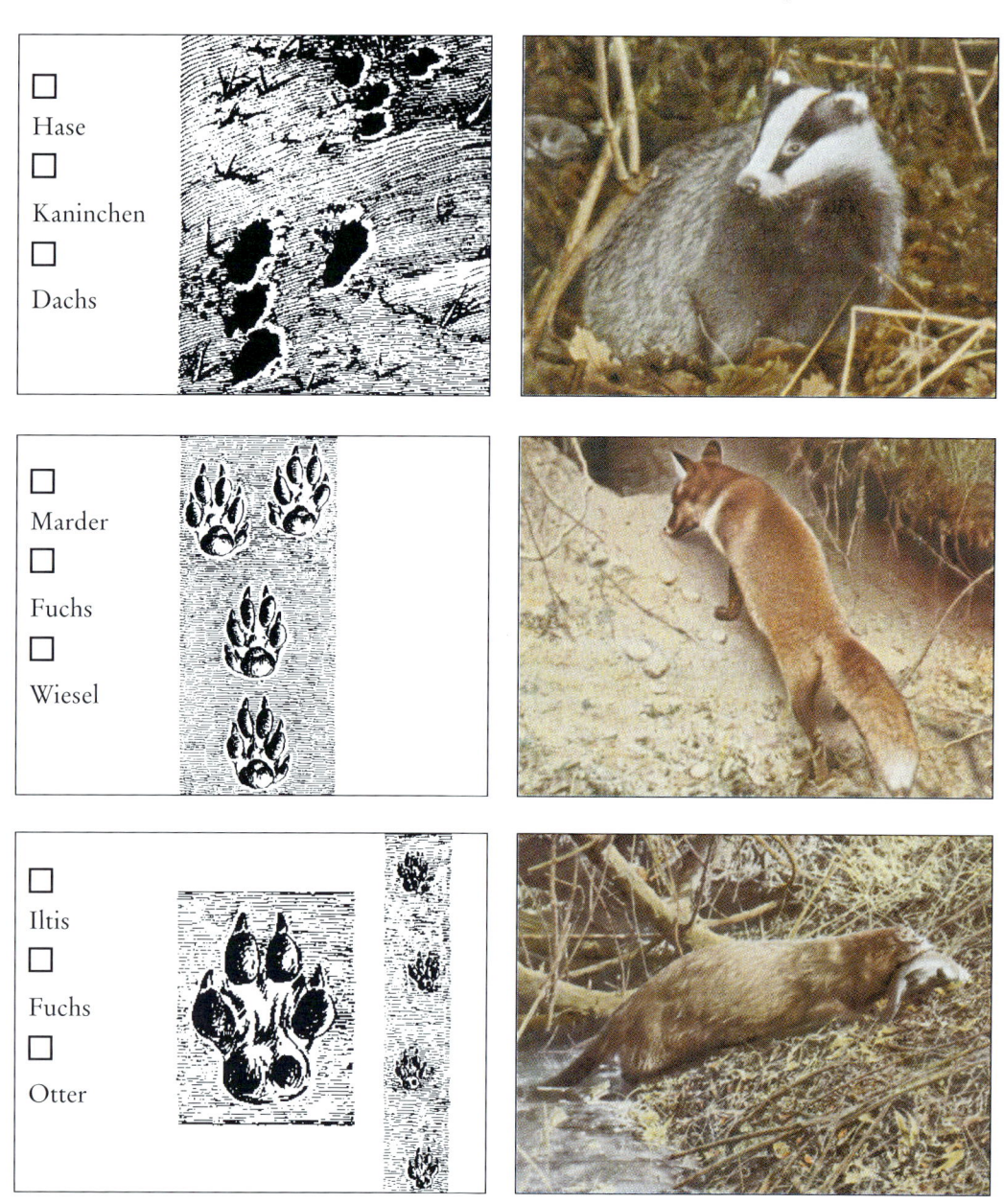

☐ Hase
☐ Kaninchen
☐ Dachs

☐ Marder
☐ Fuchs
☐ Wiesel

☐ Iltis
☐ Fuchs
☐ Otter

Ihr müßt nun ankreuzen, welche Spur zu welchem Tier gehört. Diese Spuren nennt man auch Trittsiegel oder Fährte. Neben den Bodenspuren findet Ihr Bilder von Tieren. Aber laßt Euch nicht täuschen – längst nicht jede Spur paßt zu dem dargestellten Reh oder Rothirsch, Dachs oder Marder. Eins verrät der Nikolaus Euch schon hier: Die Auflösung der Spurensuche steht auf Seite 29. Aber nicht mogeln, der Nikolaus sieht alles! Also erst rätseln, dann gucken. Übrigens: Vielleicht habt Ihr ja Spaß, die Tierbilder nachzumalen?

☐ Reh
☐ Damhirsch
☐ Rothirsch

☐ Hamster
☐ Eichhörnchen
☐ Waldmaus

☐ Dachs
☐ Rehkitz
☐ Wildschwein

5. Dezember

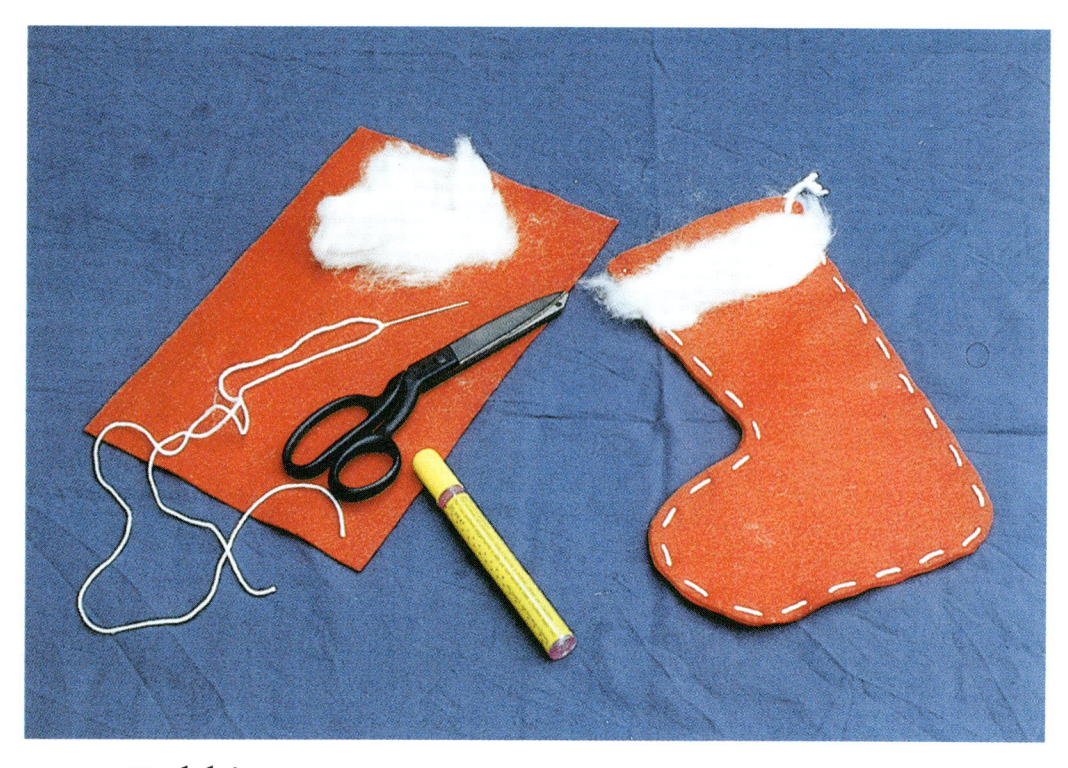

Bald ist Nikolausabend da

Laßt uns froh und munter sein
und uns recht von Herzen freun!
Lustig, lustig, traleralera!
Bald ist Nikolausabend da.

Dann stell ich den Teller auf,
Nikolaus legt gewiß was drauf!
Lustig, lustig, traleralera,
bald ist Nikolausabend da!

Wenn ich schlaf, dann träume ich:
Jetzt bringt Nikolaus was für mich!
Lustig, lustig, traleralera,
heut ist Nikolausabend da!

Wenn ich aufgestanden bin,
lauf ich schnell zum Teller hin.
Lustig, lustig, traleralera,
nun war Nikolausabend da!

Nikolaus ist ein guter Mann,
dem man nicht g'nug danken kann.
Lustig, lustig, traleralera,
nun war Nikolausabend da!

Bastel einen Nikolausstiefel

Du brauchst:
- Filz (im Bastelladen erhältlich)
- Wolle
- Nähnadel mit großem Nadelöhr
- Watte
- Klebstoff
- Schere

Fotokopiere das Muster des Nikolausstiefels oder zeichne ihn ab, schneide das Muster aus und lege es auf zwei übereinandergelegte Filzstücke. Male um das Muster herum auf den Filz den Stiefel auf und schneide ihn aus. Du bekommst dann zwei gleich große Nikolausstiefelhälften. Diese mußt Du mit der Nadel und der eingefädelten Wolle zusammennähen. Zum Schluß kannst Du an den Stiefel noch etwas Watte kleben, das sieht aus wie Fell. Falls Du den Stiefel aufhängen möchtest, kannst Du mit Hilfe der Nadel und Wolle eine Schlaufe annähen.

28 Nikoläuse und Ruprechte in Freckenhorst bescheren Kinder der kleinen Stiftsstadt.

Hefeteig-Figuren

(Für 8–10 Stutenkerle oder 8 Martinsgänse)
Für den Hefeteig 500g Weizenmehl in eine Rührschüssel sieben, mit 1 Pck. Trockenhefe sorgfältig vermischen, 2 Eßlöffel Zucker, 1 gestr. Teelöffel Salz, 1 Ei, 1 Eiweiß, 100g zerlassene, abgekühlte Butter oder Margarine, gut 125 ml (1/8 l) lauwarme Milch hinzufügen, die Zutaten mit Handrührgerät mit Knethaken zuerst auf niedrigster, dann auf höchster Stufe in etwa 5 Minuten zu einem glatten Teig verarbeiten, den Teig zugedeckt an einem warmen Ort so lange gehen lassen, bis er sich sichtbar vergrößert hat, ihn dann auf der Arbeitsfläche nochmals kurz durchkneten.

Für Stutenkerle
den Teig etwa 1 cm dick ausrollen. Stutenkerle (etwa 18 cm hoch und 8 cm breit, am besten nach Pappschablone) ausschneiden, auf ein gefettetes Backblech legen, als Augen Rosinen oder Korinthen eindrücken. 1 Eigelb mit 1–2 Eßlöffel Milch verschlagen, die Stutenkerle damit bestreichen, je 1 von 8–10 Tonpfeifen in die Stutenkerle drücken, abgedeckt nochmals etwa 20 Minuten gehen lassen.

Ober-/Unterhitze etwa 200°C (vorgeheizt), Heißluft etwa 180°C (nicht vorgeheizt). Gas Stufe 3–4 (vorgeheizt). Backzeit 15–20 Minuten.

Für Martinsgänse
den Teig kanpp 1 cm dick ausrollen, Gänse (Körperlänge etwa 14 cm, Körperbreite etwa 10 cm und Gesamthöhe etwa 20 cm, am besten nach Pappschablone) ausschneiden, die Gänse auf ein gefettetes Backblech legen. 1 Eigelb mit 1–2 Eßlöffel Milch verschlagen, die Gänse damit bestreichen, Rosinen als Augen eindrücken, die Gänse mit Hagelzucker bestreuen, zugedeckt an einem warmen Ort nochmals etwa 20 Minuten gehen lassen.

Ober-/Unterhitze etwa 200°C (vorgeheizt), Heißluft etwa 180°C (nicht vorgeheizt), Gas etwa Stufe 4 (vorgeheizt). Backzeit 15–20 Minuten.

Eine Schablone für den Stutenkerl.

6. Dezember

Heiliger Nikolaus

»Nikolaus ist ein guter Mann«, singen die Kinder, wenn sie in ihren am Vorabend aufgestellten Schuhen Leckereien und den Weckmann entdecken. Nikolaus ist ein beliebter Heiliger, bei groß und klein. Er lebte im 4. Jahrhundert und war Bischof in Myra, einer Stadt in Kleinasien (heute Türkei). Die Legende hat sein Leben mit vielen Wunderberichten ausgestattet: So soll er Kinder aus Seenot errettet, drei junge Bräute vor Mädchenhandel bewahrt und eine Stadt von der Hungersnot befreit haben. Seither wird Nikolaus als universaler Helfer angerufen: als Schutzpatron der Reisenden, der Kinder, Schiffer, Bäcker und der heiratslustigen Mädchen.

Der heilige Nikolaus half den Armen, wo er nur konnte. Besonders kümmerte er sich um die Kinder. Deshalb feiern wir am 6. Dezember jedes Jahr den Nikolaustag. Und die Geschenke, die uns dann der Nikolaus bringt, erinnern uns an den heiligen Nikolaus, der vor vielen, vielen Jahren die Kinder beschenkte.

Der entlarvte Nikolaus

Der Nikolaus, der jedes Jahr zu Rolf und Hannes kommt, ist niemand anders als Onkel Werner.

Rolf hat es als erster entdeckt und es irgendwann ausgeplaudert, nachdem Hannes hoch und heilig versprochen hatte, es auf keinen Fall Papa oder Mama zu erzählen.

Rolf hat ihn an den Hosenbeinen erkannt, die unter dem langen, roten Mantel des Nikolaus herausragten. Kein Zweifel, das war die blaue, leicht abgewetzte Jeanshose von Onkel Werner. Und die Stimme war ihm schon immer bekannt vorgekommen, auch wenn der Nikolaus ganz tief und laut sprach.

Da hatte Rolf laut lachen müssen, und der Nikolaus war wütend geworden.

Jedes Jahr war es dasselbe. Am späten Nachmittag zu Nikolaus stand Onkel Werner plötzlich vor der Tür, sagte, er sei ganz zufällig vorbeigekommen und setzte sich eine Zeitlang zu den andern ins Wohnzimmer. Irgendwann stand er dann auf und sagte, er müsse kurz raus, mal eben zur Toilette oder sowas Ähnliches, und kurz drauf bollerte es gegen die Haustür.

»Wer kann denn das bloß sein?« fragte Mama dann, und Papa tat ganz geheimnisvoll, wenn er zur Tür ging, und Hannes wurde kreidebleich, weil er schon wußte, wer jetzt kam.

Dann gab es zuerst das Strafgewitter, wobei der Nikolaus ein paarmal mit der Rute drohte, und danach packte er die Geschenke aus dem Sack. Und genauso wie der Nikolaus jedesmal wußte, was Rolf und Hannes ausgefressen hatten, kannte er auch ihre Wünsche. Die Geschenke waren jedenfalls immer Klasse.

Kurz nachdem der Nikolaus gegangen war, kam Onkel Werner zurück ins Zimmer und fragte, was denn losgewesen sei. Er hätte da so eine laute Stimme gehört.

Aber damit kann er Rolf und Hannes jetzt nicht mehr reinlegen. Die wissen, was das für eine Stimme war.

Auch in diesem Jahr ist es nicht anders.

Das Stutenkerl-Bild wurde mit freundlicher Genehmigung des Ceres-Verlages, Bielefeld, dem Dr. Oetker-Buch »Weihnachtliches Backen« entnommen.

Kurz vor fünf am Nikolaustag steht Onkel Werner wieder vor der Tür. Hannes hat sie geöffnet, weil er geahnt hat, wer da klingelt.

»Bin ganz zufällig vorbeigekommen«, sagt Onkel Werner und geht ins Wohnzimmer, »da wollte ich mal sehen, wie's euch geht.«

Rolf und Hannes grinsen.

Dann sitzen wieder alle im Wohnzimmer, und Papa fragt, was Onkel Werner in der letzten Zeit gemacht hat. Rolf stößt Hannes heimlich an.

»Paß auf«, flüstert er, »gleich geht Onkel Werner raus. Und kurz drauf geht's dann wieder los.«

Aber nichts passiert. Onkel Werner sitzt da und erzählt, und Hannes schaut fragend zu Rolf hinüber, aber der zuckt nur mit den Schultern.

Schon längst ist es ganz dunkel draußen, aber Onkel Werner scheint noch immer nicht zur Toilette zu müssen.

Da bollert es plötzlich gegen die Haustür.

»Was kann denn das bloß sein?« fragt Mama, während Papa ganz geheimnisvoll tut, als er zur Tür geht. Nur Onkel Werner sitzt in seinem Sessel und grinst.

Rolf und Hannes schauen wie gebannt zur Tür, in der mit lautem Getöse der Nikolaus erscheint, groß und stämmig, in seinem roten Mantel und mit seinem langen weißen Bart.

Jetzt verstehen die beiden überhaupt nichts mehr.

»Wart ihr denn auch artig?« fragt der Nikolaus, und seine laute Stimme klingt etwas bedrohlich.

Rolf zuckt mit den Schultern, während Hannes auf den Boden schaut.

»Na, dann woll'n wir mal sehn«, sagt der Nikolaus und zieht ein schwarzes Buch aus seinem Sack und beginnt, darin zu blättern.

Wieder weiß er ganz genau, wie oft Rolf sich vor dem Rasenmähen gedrückt hat, wie heftig sich die beiden gestritten haben, und daß Hannes kürzlich Oma Nelle geärgert hat.

Die beiden versuchen sich erst gar nicht zu verteidigen, sondern lassen das Gewitter ganz stumm über sich ergehen und hoffen, daß es so schneller vorüberzieht.

Tatsächlich macht der Nikolaus jetzt eine Pause, und Rolf freut sich schon auf die Geschenke, aber da schaut der Nikolaus ihn plötzlich so merkwürdig an.

»Und du?« fragt er, »hast du nicht neulich erzählt, den Nikolaus, den gäb's gar nicht? Das wär nur euer Onkel Werner, der sich verkleidet hat?«

Jetzt ist Rolf platt.

»Ich ... ich«, stottert er und weiß nicht weiter und schaut hilflos zu Hannes hinüber, der aber noch immer auf den Boden starrt. Onkel Werner sitzt in seinem Sessel und grinst.

»Na ja«, sagt der Nikolaus schließlich, »dann woll'n wir den Unsinn mal vergessen.«

Und er zieht zwei Stiefel aus dem Sack, in denen jeweils eine Tafel Schokolade steckt, und unten im Stiefel findet Rolf ein neues Sporthemd und Hannes eine Badehose.

Abends im Bett können die beiden lange nicht einschlafen.

»Hast du was verraten?« fragt Rolf.

»Bestimmt nicht«, sagt Hannes, »ganz ehrlich. Ich kann drauf schwören.«

»Aber irgendwoher muß er's doch wissen«, bleibt Rolf hartnäckig und schweigt einen Moment lang, weil er nachdenkt.

»Oder«, sagt er dann, »oder es gibt ihn wirklich.«

»Den Nikolaus?« fragt Hannes und beginnt zu kichern. »Hast du denn gar nichts bemerkt?«

»Was?« fragt Rolf.

»Na, die Stimme«, antwortet Hannes und kichert noch lauter, »klang genau wie die von Nachbar Bußmann. Auch so heiser, weil der doch immer erkältet ist.«

Rolf richtet sich auf. »Du meinst ...« .

»Na klar«, erwidert Hannes und kuschelt sich in seine Bettdecke, »Niköläuse gibt's nämlich nicht. Hast du doch selbst gesagt.

Dann ist es für ein paar Minuten ruhig im Zimmer, und Rolf ist schon fast eingeschlafen, da stößt Hannes ihn plötzlich an.

»Aber verrate das bloß nicht Papa und Mama«, sagt er, »sonst krieg ich nächstes Jahr die Schimpfe.«

Heinrich Peuckmann

Nikolausverse

Nikolaus, Nikolaus, heiliger Mann,
zieh die großen Stiefel an,
reise dann nach Spanien,
kauf Äpfel, Nüss', Kastanien!

Nikolaus, Nikolaus, huckepack,
schenk uns was aus deinem Sack.
Schütte deine Sachen aus,
gute Kinder sind im Haus.

O lieber heiliger Nikolaus,
komm herein in unser Haus,
bringst viel Glück und Segen
auf allen deinen Wegen.

Im Fenstereck, im Mondenschein
da liegt mein buntes Strümpfelein.
Nikolaus, vergiß es nicht,
tu hinein, dann freu ich mich,
Nüss' und Äpfel, süßen Kram,
daß ich mich auch freuen kann.

Lieber Nikolaus,
komm in unser Haus,
triffst ein Kindlein an,
das ein Verschen kann.
Leer dein Säcklein aus,
lieber Nikolaus.

Danke, lieber Nikolaus, in Freckenhorst!

Ich bin ein Vater in der alten Stiftsstadt, ein Vater mit zwei Kindern, einer Frau und einer Großmutter. Als Du gestern abend mit Deinem Knecht Ruprecht zu uns kamst, um uns alle zu beschenken, hatten wir ein wenig Herzklopfen und viel Freude im warmen Kerzenlicht des frühen, kalten Winterabends. Deine Gaben, vor allem aber Dein Kommen, das geheimnisvoll-leise Geläut eines Glöckleins im Dämmerlicht, machten uns froh. Wir Großen dachten mit einiger Rührung – ich schäme mich nicht, das zu sagen –, wir dachten mit Rührung an unsere eigene Kindheit. Die Großmutter hatte Tränen in den Augen. Ihr müde gewordenes Herz schlug so, daß sie für einige Augenblicke hinausgehen mußte. Aber ich habe selbst im ersterbenden Dämmerlicht noch gesehen, daß sie sich ein Tränchen abwischte – sie war glücklich!

Es war wohltuend, lieber sanfter Nikolaus, lieber schwarzer Knecht Ruprecht, daß Ihr nicht geschimpft, gedroht oder mit der Rute geprügelt habt, wie es früher mitunter der Fall war. Das war angenehm gestern, und es hat uns Erwachsenen geholfen, weil Ihr gute Anlagen in unseren Kindern, auch in den Kindern unserer Gäste, hervorgehoben habt.

Wir alle haben Euch zu danken, lieber Nikolaus: Dir, Deinem Knecht Ruprecht, den Frauen und Männern, die dazu beigetragen haben, uns und allen Freckenhorstern in unseren Wohnungen eine Stunde des leisen Für-die-Kinder-Daseins zu schenken.

Glaub mir, heiliger Mann, das ist nicht (mehr) so selbstverständlich! Sogar unser Hund, der ansonsten stets bellt, wenn jemand Fremdes kommt, war still. Danke, Nikolaus, und von Herzen willkommen auch im nächsten Jahr.

Dein Rainer A. Krewerth

Fährtensuche in Wald und Flur
Auflösung von Seite 20/21

Von oben nach unten Seite 20 : **Hasenfährte** und Foto vom **Dachs; Marderspur** und Foto vom **Fuchs** (»Fuchs, du hast die Gans gestohlen...«); **Schnürspur und Trittsiegel des Fuchses** und Foto vom **Otter**.

Von oben nach unten Seite 21: **Fährte** eines langsam ziehenden **Rehs** und Foto eines **Damschauflers; Spur** des **Eichhörnchens** und Foto eines **Feldhamsters; Trittsiegel** und **Fährte** des **Wildschweins** und Foto vom **Wildschwein-Jungen**, auch **Frischling** genannt.

Und? Habt ihr den Nikolaus und Knecht Ruprecht bemogelt? Nicht? Na prima! Wollt ihr uns die Auflösung und vielleicht sogar eure Tierbilder schicken? Wir würden uns freuen: Rainer A. Krewerth und Ilka Nüßing, Hagebuttenweg 7, 48231 Warendorf.

Der Weihnachtsmann kommt

Ein Würfelspiel
Beliebig viele Kinder können bei diesem Spiel mit dem Weihnachtsmann durch die Winternacht reisen. Ihr braucht dazu nur einen Würfel und Spielfiguren. Wer ist als erster am Ziel?

Dein Schlitten bleibt im Schnee stecken. Du mußt schieben. Einmal aussetzen.

Höchste Zeit! Beeil Dich und nimm die Abkürzung.

START

ZIEL

Dein Rentier ist gut ausgeruht und läuft schnell. 4 Felder vor.

Vom Himmel hoch ... ♪♪♪

Du fürchtest Dich im dunklen Wald. Singt zusammen ein Weihnachtslied.

Im Schneesturm kommst Du nur ganz langsam voran. Nur weiter mit einer 1, 2 oder 3.

Du bist furchtbar müde. Alle ganz laut schnarchen.

Du hast Hunger. Eßt alle einen Keks.

Das Schnee-Gespenst erschreckt Dich. Lauf schnell 4 Felder vor.

Suche den verlorenen Sack und gehe 2 Felder zurück.

Du tauschst mit anderen Weihnachtsmännern Neuigkeiten aus. Einmal aussetzen.

7. Dezember

Bastel ein Futterhäuschen

Du brauchst:
- Äste und Stöcke aus dem Wald
- ein dünnes Brett für den Boden
- Band, z.B. Paketschnur oder Bastband

Die Stöckchen, die Du für das Dach des Futterhäuschens benötigst, kannst Du Dir im Wald zusammensuchen. Du brauchst keine Äste abzubrechen denn es liegen sehr viele Äste auf dem Waldboden herum.

Lege mehrere nahezu gleichlange Stöckchen nebeneinander und verschnüre sie so miteinander, daß sie eine Fläche bilden und später als Dach dienen. Du mußt die Stöckchen an beiden Enden miteinander verschnüren, da das Dach sonst nicht stabil genug wird.

Das Brettchen dient als Bodenfläche. Bohre mit einer spitzen Schere je zwei Löcher am äußeren Rand in das Brett und ziehe ein Stück Band oder Schnur durch jedes Loch. Binde nun die Dachfläche an die Bodenfläche und verknote das Band. Damit Dein Dach auch ein spitzes wird, befestigst Du ein Band an dem mittleren Stöckchen des Daches und hängst das Futterhäuschen an einen Ast im Baum.

In das Häuschen kannst Du nun Vogelfutter legen. Doch tausche das alte Futter öfter durch neues aus, da das Dach Deines Futterhäuschens nicht wasserdicht ist und nasses Futter schnell verdirbt und dann unbekömmlich für die Vögel wird.

Ausgesprochene Weichfutterfresser:

Rotkehlchen, Zaunkönig, Amsel, Wacholderdrossel, Heckenbraunelle, Star

Futter: Rindertalg mit Haferflocken oder Weizenkleie vermengt, frische und auch angefaulte Äpfel und Birnen, Rosinen, getrocknete Wildbeeren oder auch Weichfresser-Mischfutter.

Weichfutterfresser, die aber auch Körnerfutter fressen können:

Schwanzmeise, Haubenmeise, Kleiber, Star, Blaumeise, Baumläufer, Kohlmeise, Specht

Futter: Sonnenblumenkerne, Mohn, Hanf, Haferflocken, ungesalzene Erdnüsse, Mischfutter aus dem Handel, Rindertalg, Schmalz, Meisenringe.

Borke mit geriebenem Rindertalg und Schmalz bestreichen.

Körnerfresser:

Goldammer, Dompfaff, Meisen, Grünling, Buchfink, Kleiber, Kernbeißer, Zeisig

Futter: Streufutter aus dem Handel, Unkrautsamen, Druschabfälle, oder aber Körnerfutter wie oben.

Wichtig: Futter muß trocken bleiben.

Körnerfresser sind besonders bei hohem Schnee und an Eistagen gefährdet.

Was ihr beachten solltet:

Füttert nach Möglichkeit immer regelmäßig, am besten frühmorgens und am späten Nachmittag.

Bei milder Witterung oder wenn es langsam Frühjahr wird, stellt ihr die Fütterung allmählich ein. Gerade in der Stadt werden unsere Wintergäste leicht verwöhnt und können so lebensuntüchtig werden. Außerdem besteht die Gefahr, daß sich an den Futterstellen Bazillen ansiedeln, an denen die Vögel sterben.

Bitte verfüttert keine Küchenabfälle, gesalzenen Speck/Fett, Wurst, gekochte Kartoffeln und mit Sauerteig gebackenes Brot.

KLAUS BLIESENER

DANKE!

Bastel eine Futterglocke

Du brauchst:
- einen Blumentopf mit Loch aus Ton
- ungesalzenes Fett
- Vogelfutter für heimische Vögel
- Draht
- einen Zweig

Mische das Vogelfutter mit dem Fett, so daß eine klumpige Masse entsteht, die nicht auseinanderbröckelt.

Drücke nun diese Masse in den Blumentopf.

Anschließend steckst Du einen Zweig von der großen Öffnung her durch das kleine Loch, bis der Zweig ein Stückchen herausschaut. Befestige nun ein Stück Draht an dem Zweig, damit Du die Glocke in einen Baum hängen kannst.

Der grünblaue Antek

Ob es im Dämmerwald, einem riesigen, wildreichen Forst bei Erle im westlichen Münsterland, oder im nicht weit davon entfernten Lanzenhagen, einem Waldstück in der Gemarkung des Dorfes Raesfeld, geschehen ist, weiß heute niemand mehr zu sagen. Dabei ist es noch gar nicht so lange her.

Jedenfalls wurde da oder dort in einem strengen Winter mit viel Schnee eine reichliche Wildfütterung beobachtet, deren Wohltäter rätselhaft blieb, konnte man doch im Schnee außer den eigenen Spuren keine Fußabdrücke entdecken, geschweige denn jemanden füttern sehen, obgleich die Krippen immer wieder aufgefüllt waren.

Ein Wilddieb wollte sich das Geheimnis um den unbekannten Heger zunutze machen und stand eines grauen Morgens bei einer Futterstelle auf Rotwild an.

Noch ehe er aber zum Schuß kam, wurde der Frevler dermaßen verprügelt, daß man ihn seiner unzähligen Flecken wegen künftig als den »grünblauen Antek« verspottete. Jener Anton soll beschworen haben, es seien Wichtel gewesen, die ihm so zugesetzt hätten, aber niemand nahm ihm das ab. Der grünblaue Antek hätte zu viele Schläge auf den Kopf erhalten, sagten die Leute, weil sie nicht an Wichtel glauben mochten. Aber erhöhen nicht leichte Schläge auf den Hinterkopf angeblich das Denkvermögen?

Thomas Ostendorf

8. Dezember

Bastel Strohsterne oder Sterne aus Holz

Du brauchst:
- Strohhalme (im Bastelladen erhältlich)
- weißes Nähgarn
- Schere

Lege die Strohhalme in Wasser, damit sie einweichen und nicht beim Binden zerbrechen.

Lege mindestens vier Strohhalme gekreuzt übereinander. Binde ein Stück Garn um einen Halm und verflechte es mit beiden Enden wechselnd auf und nieder, über den einen, unter dem folgenden Halm usw., und verknote den Faden. Schneide mit einer Schere die Enden der Halme spitz zu. Besonders hübsch sieht es aus, wenn Du mehrere größere und kleinere Sterne übereinander legst und diese zusammenbindest.

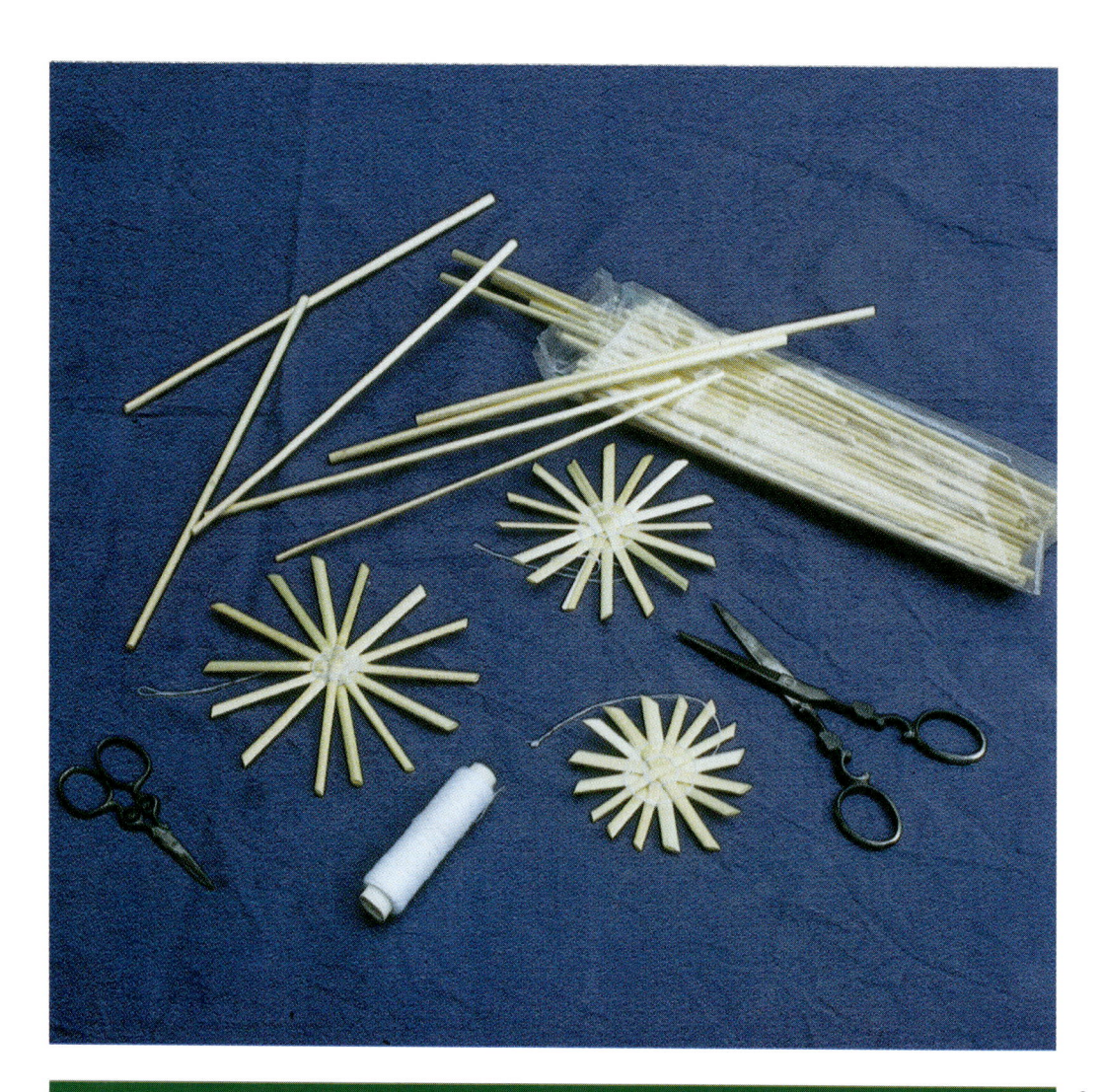

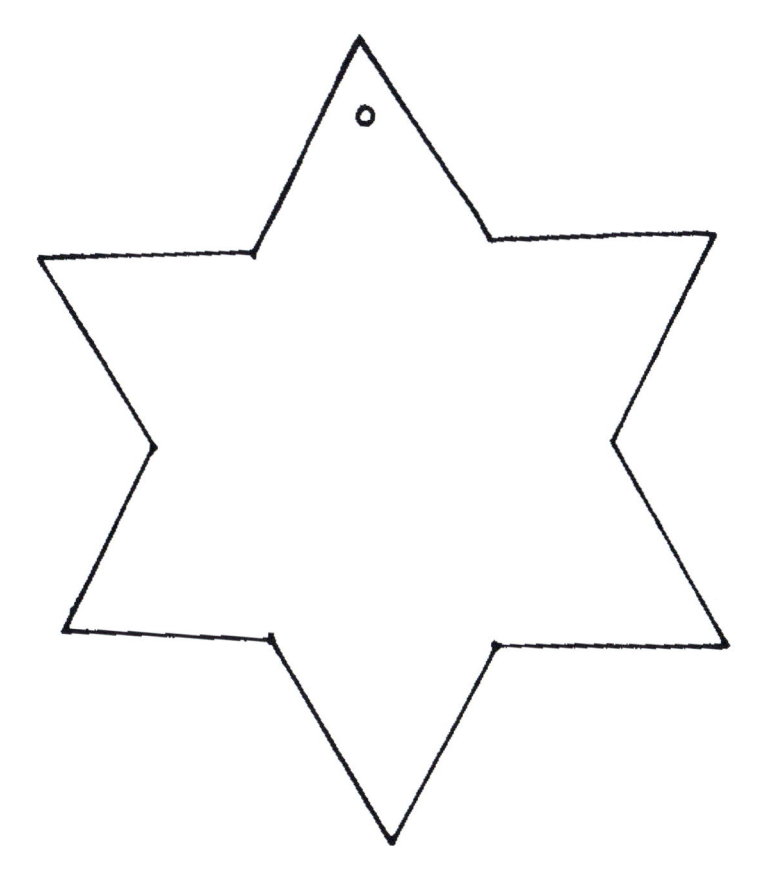

Du brauchst für die Holzsterne:
- Holzsterne aus Sperrholz zugeschnitten
- Farbe (z.B. Plaka-Farbe)
- Pinsel
- Faden

Fotokopiere den Stern aus dem Buch oder zeichne ihn ab, schneide das Muster aus und lege die Vorlage auf eine Sperrholzplatte, umzeichne sie mit einem Stift und säge den Stern aus.

Bemale nun den Stern mit Farbe so, wie er Dir am besten gefällt.

Bohre mit einem kleinen Handbohrer ein Loch in eine Zacke des Sterns, damit Du dadurch einen Faden zum Aufhängen ziehen kannst.

Falls Du die Sterne aus Holz nicht selber ausschneiden kannst, so ist sicher ein Holzfachmann, z.B. ein Tischler, bereit, Dir einige Sterne auszusägen.

Sternenschimmer

Im Vest Recklinghausen liegt beim Dorf Feldhausen das vornehme Schloß Beck, vom großen Baumeister Johann Conrad Schlaun vor mehr als zweihundert Jahren erbaut. Nahebei versteckt sich eine viel, viel ältere, sogar schon uralte Wassermühle unter mächtigen Bäumen, von denen eine Hainbuche so verwunschen gewachsen ist, daß sie sich zweifelsfrei als Wichtelbaum zu erkennen gibt. Zur Mühle gehört der Mühlenteich. Der alte Krippenschnitzer, der heute dort wohnt, erinnert sich gut daran, daß das Wasser im Teich vor etlichen Jahren noch so rein und tief war, daß es eine wahre Lust bedeutete, im heißen Sommer darin zu baden.

Wie viele andere stille Waldseen hat auch dieser Mühlenteich ein besonderes Geheimnis. Wenn in den klaren Adventsnächten kein Lufthauch das Wasser kräuselt und der Teich sich dem Sternenhimmel wie ein Spiegel darbietet, dann ist er wundersam übersät mit dem millionenfachen Funkeln der fernen Sterne. Dann huschen Wichtel in gläsernen Booten emsig über ihn hin. Mit gläsernen Löffelchen schöpfen sie den silbernen Sternenschimmer vom Wasser ab und füllen ihn in kristallne Karaffen. Das geht nächtelang so, und die Wichtel werden und werden nicht müde. Der Krippenschnitzer hat sie heimlich beobachtet.

Aber warum sammeln die Wichtel so eifrig? Ganz einfach: Weil der Sternenschimmer zu Weihnachten gebraucht wird! Woher sonst kommt es denn wohl, daß gerade am Heiligen Abend so viele Augen von großen und kleinen Leuten gleichsam wie Sterne leuchten?! Sternenklare Sache: Das ist ganz genau das Funkeln von den stillen Seen und Waldweihern, das die Wichtel so fleißig ernten und das Christkind dann zu Weihnachten in unsere Augen legt.

In Westfalen kam dieses weihnachtliche Augenleuchten früher von dem Feldhausener Mühlenteich. Doch seitdem auf Schloß Beck ein Vergnügungspark randaliert, sind die Wichtel aus der alten Mühle verschwunden. Wahrscheinlich wird unser Funkeln heute aus Afrika importiert.

Thomas Ostendorf

Die Sterntaler

Es war einmal ein kleines Mädchen, dem waren Vater und Mutter gestorben, und es war so arm, daß es kein Kämmerchen mehr hatte, darin zu wohnen, und kein Bettchen mehr, darin zu schlafen, und endlich gar nichts mehr als die Kleider auf dem Leib und ein Stückchen Brot in der Hand, das ihm ein mitleidiges Herz geschenkt hatte. Es war aber gut und fromm. Und weil es so von aller Welt verlassen war, ging es im Vertrauen auf den lieben Gott hinaus ins Feld. Da begegnete ihm ein armer Mann, der sprach: »Ach, gib mir etwas zu essen, ich bin so hungrig.« Es reichte ihm das ganze Stückchen Brot und sagte: »Gott segne dir's« und ging weiter. Da kam ein Kind, das jammerte und sprach: »Es friert mich so an meinem Kopfe, schenk mir etwas, womit ich ihn bedecken kann.« Da tat es seine Mütze ab und gab sie ihm. Und als es noch eine Weile gegangen war, kam wieder ein Kind und hatte kein Leibchen an und fror; da gab es ihm seins; und noch weiter, da bat eins um ein Röcklein, das gab es auch hin.

Endlich gelangte es in einen Wald. Es war schon dunkel geworden, da kam noch ein Kind und bat um ein Hemdlein. Das fromme Mädchen dachte: ‚Es ist dunkle Nacht, da sieht dich niemand, du kannst wohl dein Hemd weggeben', und zog das Hemd ab und gab es auch noch hin. Und wie es so stand und gar nichts mehr hatte, fielen auf einmal die Sterne vom Himmel und waren lauter harte, blanke Taler; und ob es gleich sein Hemdlein weggegeben, so hatte es ein neues an, und das war vom allerfeinsten Linnen. Da sammelte es die Taler für sich hinein und war reich für sein Lebtag.

Gebrüder Grimm, Märchensammlungen

Zimtsterne

Für die Eiweißmasse 3 Eiweiß mit Handrührgerät (Rührbesen) auf höchster Stufe so steif schlagen, daß ein Messerschnitt sichtbar bleibt, 250g Puderzucker sieben, nach und nach unterrühren.

Zum Bestreichen der Sterne 2 gut gehäufte Eßlöffel Eischnee abnehmen, 1 Pck. Vanillin-Zucker, 3 Tropfen Bittermandel-Aroma, 1 gestr. Teelöffel gemahlenen Zimt und die Hälfte von 275–325g nicht abgezogenen, gemahlenen Mandeln oder gemahlenen Haselnußkernen vorsichtig auf niedrigster Stufe unter den übrigen Eischnee rühren.

Von dem Rest der Mandeln (Haselnußkerne) so viel unterkneten, daß der Teig kaum noch klebt, ihn auf einer mit Puderzucker bestäubten Arbeitsfläche etwa ½ cm dick ausrollen, Sterne ausstechen, auf ein mit Backpapier belegtes Backblech legen, mit dem zurückgelassenen Eischnee bestreichen. Der Guß muß so sein, daß er sich glatt auf die Sterne streichen läßt, evtl. einige Tropfen Wasser unterrühren.

Ober-/Unterhitze 130–150°C (vorgeheizt), Heißluft etwa 120°C (nicht vorgeheizt), Gas Stufe 1–2 (nicht vorgeheizt). Backzeit 20–30 Minuten.

Das Gebäck muß sich beim Herausnehmen auf der Unterseite noch etwas weich anfühlen.

Das Zimtsterne-Bild wurde mit freundlicher Genehmigung des Ceres-Verlages, Bielefeld, dem Dr. Oetker-Buch »Weihnachtliches Bakken« entnommen.

9. Dezember
Die Teddys

Es ist schon ein paar Jahre her. In dem Städtchen Giengen an der Brenz (Württemberg) klopft ein etwas spleeniger Herr – Typ reicher Onkel aus Amerika – an die Pforten der »Bärenfabrik« Margarete Steiff. Er ist über den Großen Teich gekommen, um Stofftiere zu kaufen. Möglichst groß sollen sie sein, möglichst bunt und natürlich auch teuer.

An kuschlige Kinder-Teddys denkt er nicht, der Amerikaner. »Ich habe«, sagt er, »in den Staaten ein Gemälde mit 40 Tieren gesehen. Die will ich alle haben.«

Für einen fünfstelligen Betrag wird dem Manne geholfen. Glücklich wie ein Knirps zieht er mit seinem exotischen Zoo wieder ab. Und baut in seiner Villa die bunte Meute aus Plüsch ganz genau so auf, wie er es auf dem Bild gesehen hat: Die Arche Noah in der Wohnhalle.

Über Geschmack läßt sich streiten, über gute Geschäfte nicht. Die Leute in der »Bärenfabrik« wittern etwas, das noch ganz vage in der Luft liegt.

Und so wird der Dollar-Onkel mit der Arche Noah eine Art Pfadfinder für einen neuen Trend im schöneren (und teureren) Wohnen: Pack den Tiger ins Haus, lebensgroß, versteht sich. Oder fast lebensgroß.

Wenige Monate vor dem 100. Geburtstag der Teddy-Firma Steiff im Jahre 1980 steht fest: Die süßesten Früchte auf dem Stofftiermarkt fressen derzeit die großen Tiere aus Giengen. Panther und Puma, Löwe und Leopard, Chow-Chow und Pfau, Pudel und Polarhund, Bison, Dromedar, Giraffe und eine ganze Schar anderer plüschiger Viecher sind zum Vormarsch in Wohnhallen und Wartezimmer angetreten.

Der Löwe mit zotteliger Mähne, 110 Zentimeter lang, kostet etwas unter 2000 Mark. Sehr dekorativ mümmelt die Giraffe, anderthalb Meter hoch, an der Stechpalme im Wohnzimmer, was immerhin mit 1250 Mark bezahlt sein will.

An der Giraffe (und einigen anderen attraktiven Exoten) haben die Giengener schon Jahrzehnte ihr Können erproben dürfen. Denn Einzelstücke für Schauzwecke werden seit der Vorkriegszeit gefertigt. Auf einem Foto aus dem Jahre 1957 posiert Chefdesigner Siegfried Zeller – er ist heute noch aktiv – mit Meßlatte neben einer Giraffe. Sie überragt seine 1,70 Meter ums Doppelte! Irgendwo in den USA verlieren sich die Spuren des gewaltigen Vierbeiners (der damals auf ein Fahrgestell montiert wurde).

Aus eins mach Hunderte – dieser Dreh fiel Dieter Olszewski, 38, ein, dem Marketing-Chef in Giengen. Er kam vor zwei Jahren in die »Bärenfabrik«, sah sich um und siegte mit der Devise: »Wir müssen was Neues machen!« Neu war zum Beispiel die farbenprächtige Vogelgruppe mit dem radschlagenden Pfau an der Spitze (»Eine kleine Sensation im Markt«). Der stolze Vogel mißt, mit echten Schwanzfedern, 175 Zentimeter und ist für 795 Mark zu haben.

Etwas kleiner, aber feiner ist das Dromedar, 160 Zentimeter hoch und mit 2150 Mark Ladenpreis Spitzenreiter der Preisliste.

Die Tierschau in den eigenen vier Wänden ist längst nicht mehr für Kinder da. Die bunten Exoten (Pinguin: 390 Mark) oder biederen Haustiere (Chow-Chow: 510 Mark) sind begehrte Sammel-, Zier- und Renommierstükke geworden. Schon werden die ersten Luxusgeschöpfe aus Plüsch in teuren Autos spazierengefahren. Von Billig-Importen aus Asien, auf der Kirmes geschossen, unterscheiden sie sich wie ein gebrauchter Käfer vom nagelneuen Porsche. Was sie ja auch sollen. Spontane Aufträge aus Übersee, noch kürzlich 300 Großtiere am Stück, häufen sich. Klar, daß die 500 Spieltier-Hersteller im Giengener Werk auf auskömmliches Einkommen für die nächsten Jahre hoffen.

Dabei fing alles ganz klein an. Genauer: Mit einem Nadelkissen. Margarete Steiff, die Tochter eines Baumeisters, hatte im Heimatstädtchen an der Brenz ein Konfektionsgeschäft eröffnet. Sie war eine bemerkenswert resolute Person, was gar nicht selbstverständlich schien. Denn durch eine Polio-Erkrankung war sie an beiden Beinen und der linken Hand schwer behindert.

Vor der Jahrhundertwende kam das der Verurteilung zum bedauernswerten Sozialfall gleich. Nicht so bei Margarete, die 1847 zur Welt gekommen war. Die Schwäbin entwickelte einen unstillbaren Ehrgeiz, eine gehörige Portion Liebe zu den Kindern und eine untrügliche Nase fürs Geschäftliche.

Eines Tages nähte sie einen 15 Zentimeter kleinen Elefanten aus Filz. Er sollte ihr als Nadelkissen dienen und wurde zum Stammvater von Millionen Plüschtieren, Dromedar für 2150 Mark inklusive.

Denn die zahlreichen Nichten und Neffen wollten plötzlich »auch so ein Elefäntle«. 1880, im Gründungsjahr der Firma, machte die gelähmte Margarete ein Geschäft aus den Nadelkissen in Dickhäuter-Form. 1886 verkaufte sie schon 6000 Stück.

Andere Tiere kamen hinzu, Affe und Kamel, Esel und Schwein.

Neffe Richard Steiff schaffte den ganz großen Durchbruch. Er »erfand« den Teddybären, mit dem noch heute unzählige weiße und schwarze, braune und gelbe Kinder abends einschlummern. Im Jahre 1907 verließen fast eine Million Teddys die Bärenfabrik.

Zunächst freilich hieß der braune Geselle treudeutsch »Petz«. Das er in Teddy umgetauft wurde, daran ist der ehemalige US-Präsident Theodore (»Teddy«) Roosevelt schuld. Als seine Tochter Alice 1906 heiraten wollte, kam ein pfiffiger Protokollbeamter auf die Idee, die Festtafel mit den putzigen Tierchen aus Old Germany zu schmücken.

Mag sein, daß der gute Mann sich bei Mister President eine gute Nummer verschaffen wollte. Theodore Roosevelt war leidenschaftlicher Bärenjäger. Als jedenfalls zwischen zwei Cocktails gefrotzelt wurde, sagte ein Freund des Präsidenten: »Ich will Dir mal was sagen, mein Lieber, das ist die neue Rasse der Teddybären!«

Petz hatte seinen neuen Namen weltweit weg.

Rainer A. Krewerth

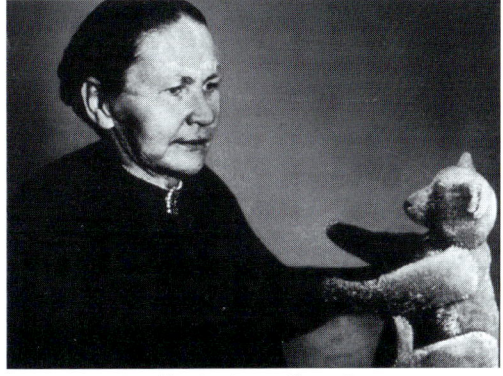

Margarete Steiff mit einem ihrer Bären.

Puppenstuben

Puppenstuben aus kärglichen Weihnachtszeiten, aus der Zeit des Zweiten Weltkriegs und den Jahren danach. Ein gewisser Feodor Köllner, den es über seine Heimatstadt Ilsenburg im Harz in die westfälische Fleisch- und Wurstmetropole Versmold verschlagen hat, bastelt für seine jüngste Tochter Marli eine Puppenstube. Bastelt jenes »Stübelein«, in denen kleine Mädchen (und heimlich auch kleine Jungen) so gern spielen und die Püpplein wiegen.

Es ist die Hochkonjunktur der Laubsäge. Sperrholzabfälle und die Deckel, Wände und Böden von Zigarrenkisten werden zu Böden, Wänden und Zimmerdecken von Puppenstuben.

Alles geschieht heimlich, die Kinder dürfen nichts merken, das Christkind kommt bald...

Die Puppenstube des Feodor Köllner ist erhalten geblieben. Sie steht in einem westfälischen Wohnzimmer, wohlausgestattet mit vielerlei Püppchen – auch schwarzen, die damals so beliebt waren – und sogar mit einem Klo aus Blech, dessen Deckel auf- und zuklappbar ist.

Ein besonders schönes Stück aber ist der Puppenschrank aus Kaisers Zeiten, den ein Schwiegersohn des längst verstorbenen Feodor Köllner 1976 im Flugzeug aus Berlin-West nach Westfalen schmuggelte. Als Bordgepäck. Es gab Streit mit den Stewardessen. "Was haben Sie da in Ihrem Karton?" Eine Bombe, sagte der Schwiegersohn. Peinliches Schweigen, bis der Chefpilot kam und lachend Entwarnung gab.

Bisher ist das Puppenschränkchen nicht explodiert im westfälischen Wohnzimmer. Vielleicht lächelt vom Himmel herab der Erbauer dieses wunderschönen Schränkchens, das er vor 100 Jahren für seine Tochter in Berlin gebastelt hat – zur Weihnachtszeit, wie es sich gehört. Das Christkind kommt...

Weihnachten in Warendorf

Ob damals Schnee lag, Weihnachten 1947? Ich weiß es nicht mehr. Ich weiß nur zwei Dinge: In jenen Jahren waren für einen Knirps des Kriegsjahrgangs 1943 alle Winter kalt, und alle Weihnachtsfeste waren schön.

Die Kälte, der Schnee, das Eis waren gewiß kaum grimmiger als heute. Der Unterschied liegt anderswo. Wir kannten keine Daunenjacken, keine Fellhandschuhe, keine gefütterten Stiefel. Viele Kinder, auch ich, trugen unter kurzen Hosen kratzende lange Strümpfe, bestenfalls zugige Bollerbuxen. Unzulängliches Schuhwerk ließ Nässe durch, ekelhaft beißende, rasch gefrierende Nässe. Die Hände waren stets rotblau gefärbt vom Frost; Strickhandschuhe sind halt beim Schlittschuhlaufen, beim Rodeln, bei Schneeballschlachten, selbst bei ganz normalem Spiel gänzlich untauglich.

Das Väterchen Frost, das unsere Väter und Onkel in Rußland noch kurz zuvor verfluchen gelernt hatten – es ging auch an uns nicht vorüber. Wenn wir in der Frühe in klammen Betten aufwachten, sahen wir Eisblumen an den Fenstern. Für deren kristallene Schönheit hatten wir, glaube ich, wenig Sinn, eher schon für die angenehme Temperatur von kupfernen Wärmflaschen unter der Bettdecke oder Backsteinen, die im Herd aufgeheizt und in Zeitungspapier gewickelt waren. Väterchen Frost: Wenn Weihnachten kam, hatte dieser bösartige Geselle Pause, zumindest in unserem Bewußtsein. Schon zu Nikolaus fing das an. Trug der dämmernde Himmel Abendrot, hieß es: Das Christkind backt Plätzchen. Wir glaubten fest daran.

Schlossen sich Väter, Großväter, ältere Brüder in Keller oder Werkstatt ein, hörte man Säge-, Hobel-, Schmirgelgeräusche, so war klar: Da hilft jemand dem Christkind basteln. Und eine Autorität wie das Christkind, die konnten und wollten wir nicht anzweifeln.

Geschenke um Weihnachten 1947/48, Reichtum in der Armut, Bescheidenheit im kleinen Kinderglück. Die Not machte Millionen von Laubsägekünstlern erfinderisch. Aus Sperrholzresten entstanden Puppenstuben und Puppenmöbel, Ritterburgen, Bahnhöfe für die Vorkriegseisenbahn, Tiergärten mit exotischen Viechern, Bauernhöfe, Dörfer, Städte. In jenen Jahren hatten Kinder mit handwerklichen Vätern oder Opas erhebliche Vorteile. Mein Warendorfer Großvater bastelte mit beachtlichem Geschick Schlitten, Skibretter, Bollerwagen.

Von den Geschwistern der Mutter fiel einmal – war es 1948 oder später? – ein Paar Schlittschuhe ab, uralt zwar, ausgeleiert und ohne ordentlichen Schliff, aber doch tauglich, mich Dreikäsehoch über das Eis auf dem Altarm der Ems zu tragen, dort, wo heute das Klärwerk steht, seitwärts vom Liebeshügel.

Ein andermal gab's eine Ritterburg, eine *richtige*, nicht aus Sperrholz laubgesägt, sondern aus einer Art Gips-Pappe-Masse geformt und bunt bemalt. Dieses Schätzchen löste Seligkeit aus. Woher es kommen mochte, weiß das liebe Christkind im Himmel. Vorkriegsware aus gehorteten Beständen? Hinterlassenschaft eines Verwandten, sorgsam aufpoliert? Oder Tauschobjekt gegen Naturalien? Keine Ahnung! Das schönste Geschenk indes war der alljährliche Aufbau einer großen Krippe mit Stall und münsterländischem Ambiente. Dazu mußten aus Bockholts Büschen Moosplaggen, trockenes braunes Laub, Fichtenzweige, morsche Baumstumpfstücke geholt, mußte für die Pättkes Sand herbeigeschafft, mußte Stroh besorgt werden.

Das Kind in der Krippe, Schafe, Ochs und Esel sollten es schließlich gut haben in ihrem Stall und auf der bethlehemitischen Flur. Daß alles recht westfälisch geriet – siehe oben –, das war selbstverständlich. Wer war damals schon in Bethlehem gewesen, um berichten zu können, wie es dort aussah?!

Not, Sorgen, Bedrückung zum Weihnachtsfest? Davon spürte ich erst, als ich kein kleines Kind mehr war.

Rainer A. Krewerth

10. Dezember

Bastel Weihnachtskarten zum Verschicken

Du brauchst:
- Fotokarton in verschiedenen Farben
- Schere
- Klebstoff

Für die Nikolauskarte schneidest Du dir ein Rechteck zu 15 mal 21 cm aus Fotokarton aus. Falte dieses Reckteck von der langen Seite her wiederum auf die lange Seite, so bekommst Du eine Faltkarte. Anschließend malst Du auf rotem Karton eine Mütze auf, auf weißem Karton den Bommel der Mütze, das Gesicht und den Schnurrbart und schneidest alles aus. Mit Klebstoff klebst Du die Teile aneinander. Das Gesicht malst Du mit einem schwarzen Stift auf. Nun kannst Du in die Faltkarte Deine lieben Worte schreiben.

Für die Karte mit dem Säckchen benötigst Du wieder ein Rechteck aus Fotokarton mit dem Maß 15 mal 21 cm. Falte das Rechteck von der langen Seite her wiederum auf die lange Seite, so entsteht eine Faltkarte, die Du innen beschriften kannst.

Schneide Dir ein Stoffstück mit dem Maß 8 mal 20 cm und nähe dieses mit Nadel und Faden zu einem Säckchen. Mit einem Bändchen kannst Du das Säckchen zusammenschnüren und an die Karte kleben. Schneide zwei kleine rote Stoffstückchen als Hände oder als Handschuhe zu und klebe sie über den oberen Rand, als ob ein Nikolaus von hinten an der Karte hinge. Das Bild unten zeigt, wie es aussieht. Wenn Du willst, kannst Du auf der Innenseite zu den Handschuhen einen Nikolaus von hinten malen.

Für die Karte mit dem ausgeprickelten Tannenbaum benötigst Du ein Rechteck aus Fotokarton mit dem Maß 9 mal 30 cm. Falte das Rechteck von der kurzen Seite her auf die kurze Seite, so bekommst Du eine Faltkarte. Schneide nun aus einem Fotokarton einer anderen Farbe ein kleines Rechteck mit dem Maß 7 mal 8 cm aus. Vom Rand des Rechtecks her prickelst Du mit einer Nähnadel eine Tannenbaumhälfte aus. Nun klebst Du das kleine

Rechteck genau an den Knick der Faltkarte und klebst die ausgeprickelte Hälfte so auf die freie Seite der Karte, wie es das Bild zeigt. Die Worte, die Du schreiben möchtest, kannst Du innen in die Faltkarte schreiben.

Für die Karte mit dem angehängten Tannenbaum brauchst Du aus Fotokarton ein Rechteck mit dem Maß von 15 mal 21 cm. Schneide dieses Rechteck aus und falte es von der langen Seite her wiederum auf die lange Seite. So erhältst Du eine Faltkarte, die Du innen beschreiben kannst.

Schneide aus einem Fotokarton einer anderen Farbe einen Tannenbaum aus, steche an der Baumspitze ein Loch ein und ziehe ein Band von ca. 40 cm Länge hindurch.

Steche nun zwei Löcher in die Karte, durch die Du das Band ebenfalls ziehst. Mache eine Schleife in das Band, und der Tannenbaum hängt an der Faltkarte.

Für die Karte mit den Tannenbäumen und Sternen brauchst Du ein Rechteck aus Fotokarton mit dem Maß von 15 mal 21 cm. Falte das Rechteck von der langen Seite her wiederum auf die lange Seite, so bekommst Du eine Faltkarte.

Schneide Dir mit einem Messer aus einer Kartoffel einen Stempel mit Tannenbaummotiv und einen mit Sternenmotiv aus. Bepinsele diese Stempel mit etwas Farbe Deiner Wahl und drucke Dir einen Tannenwald unter einem Sternenhimmel. Den Text kannst Du in die Faltkarte schreiben.

Für die Karte mit dem gespritzten Stern brauchst du ein Rechteck aus Fotokarton mit dem Maß von 15 mal 21 cm, das Du von der langen Seite her wiederum auf die lange Seite falten mußt. So erhältst Du eine Faltkarte.

Schneide Dir aus einem Stück Papier einen Stern aus, so daß der Ausschnitt erhalten bleibt. Lege nun den Ausschnitt, nicht den Stern, auf Deine Faltkarte. Nimm Dir eine alte Zahnbürste, mache sie ein wenig naß und drücke die Borsten auf eine Farbe eines Wasserfarbkastens. Nun streichst Du mit dem Finger über die Borsten, so daß die Farbe auf deinen Sternausschnitt spritzt. Hat der Stern genügend Spritzer »abbekommen«, kannst Du den Ausschnitt entfernen und noch ein bißchen Farbe über die Karte spritzen. Deinen Text kannst Du innen in die Karte schreiben.

Bastel einen Briefumschlag

Du brauchst:
- Papier, z.B. Geschenkpapier, Packpapier etc.
- Schere
- durchsichtige Klebestreifen

Zeichne das Muster des Briefumschlags aus dem Buch heraus vergrößert ab, schneide die schraffierten Teile ab und lege die Vorlage dann auf ein Papier Deiner Wahl. Zeichne um das Muster herum eine Linie. Entlang der Linie schneidest Du nun den Briefumschlag aus. Falte den Umschlag so, wie Du es auf dem Muster erkennen kannst. Klebe über die aneinanderstoßenden Flächen Klebestreifen, und fertig ist der Briefumschlag.

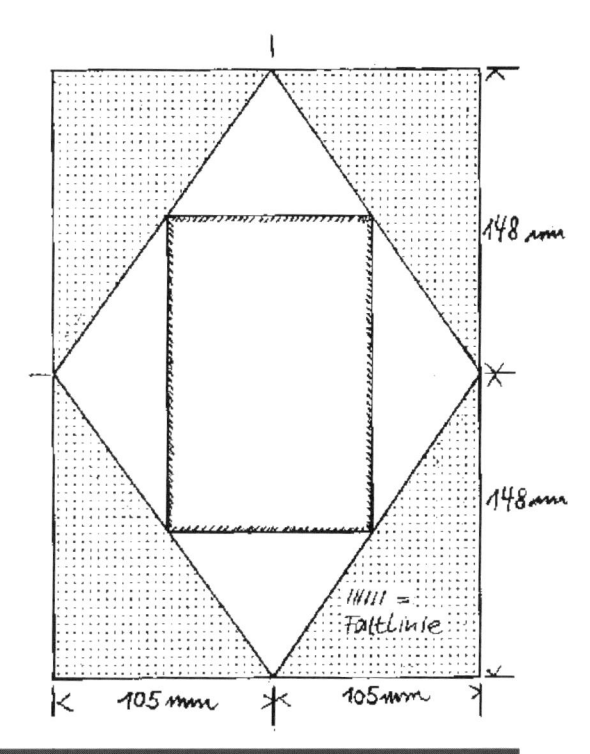

Bastel einen Krippenstall

Du brauchst:
- Äste und Stöcke
- Band, z.B. Paketschnur oder Bastband

Die Stöckchen, die Du benötigst, kannst Du im Wald auf dem Boden finden.

Sicherlich läßt sich im Wald auch ein Rindenstück finden, das Du für den Boden des Krippenstalls gut gebrauchen kannst. Du kannst aber auch ein dünnes Brett dafür nehmen.

Lege viele gleichlange Stöcke nebeneinander und verschnüre sie zu einer Fläche, die als Dach dienen soll. Du mußt die Stöckchen an beiden Enden miteineinander verschnüren, da das Dach sonst nicht stabil genug wird.

Das Rindenstück dient als Bodenfläche. Bohre mit einer spitzen Schere je zwei Löcher am äußeren Rand in das Rindenstück und ziehe ein Stück Band oder Schnur durch jedes Loch. Binde nun die Dachfläche an die Bodenfläche und verknote das Band. Damit Dein Dach auch ein spitzes wird, stellst Du in die Mitte des Stalls ein Stöckchen mit der passenden Länge gegen das Dach. So drückt sich die Dachfläche nach oben.

Der nervöse Engel

»Ach du grüne Neune«, sagt Mama.

»Um Himmels willen«, sagt Papa.

»Und warum ausgerechnet du, Hannes?« fragt Rolf und schüttelt sich vor Lachen.

Hannes ist sauer. »Und warum nicht ich?« antwortet er, »wo's doch der Biermann selbst gesagt hat.« Auf Biermann, seinen Klassenlehrer, läßt Hannes nichts kommen.

»Wenn's der Biermann gesagt hat«, meint jetzt auch Mama, »wird er sich schon was dabei gedacht haben. Dann erzähl mal genau, was du da machen sollst.«

Und Hannes wiederholt, was er eben schon etwas hektisch berichtet hat. Also: der Biermann will mit Schülern seiner Klasse ein Theaterstück aufführen, in der Turnhalle, am letzten Schultag vor den Weihnachtsferien. Alle Schüler sollen dann zugucken und auch die Eltern, wenn sie Lust dazu haben.

»Und was soll das sein, was ihr da aufführt?« fragt Papa.

»Na, die Weihnachtsgeschichte«, antwortet Hannes, »die mit Maria und Josef und dem Jesuskind«, worauf Rolf wieder zu lachen beginnt.

»Typisch Biermann«, sagt er, »was anderes wäre dem auch nicht eingefallen.«

Aber Mama winkt energisch mit der Hand.

»Nun laß ihn doch ausreden«, sagt sie und schaut erwartungsvoll auf Hannes. »Und du, was sollst du dabei spielen?«

»Ich«, sagt Hannes und zögert einen Moment lang, »ich bin der Engel auf dem Feld, der den Hirten die Geburt verkündet.«

Jetzt lacht nicht nur Rolf. Auch Papa hält sich die Hand vor den Mund, und Mama dreht sich schnell zum Fenster.

Hannes wird wieder sauer. »Weiß gar nicht, was es da zu lachen gibt«, sagt er, »Engel müssen nämlich blond sein, hat Herr Biermann gesagt, genauso wie ich.«

»Na ja«, sagt Papa schließlich, »wenn du viel übst, könntest du's vielleicht schaffen. Kannst ja zu Hause damit anfangen, ein Engelchen zu spielen. Mama und ich würden sich freuen.«

Zwei Tage später bringt Hannes ein Heft mit von der Schule, auf dem groß, mit Filzstift geschrieben, Rollenbuch steht. Das, was Hannes im Theaterstück zu sagen hat, ist rot darin angestrichen.

Neben Mama setzt er sich auf das Sofa, um seine Rolle vorzulesen.

»Aber laut und deutlich«, ermahnt sie ihn, noch bevor er angefangen hat, »sonst versteht dich ja keiner.«

Hannes nickt.

»Fürchtet euch nicht«, brüllt er dann so laut durchs Wohnzimmer, daß Kater Felix erschreckt von der Fensterbank springt und in der Küche verschwindet, »fürchtet euch nicht, denn ich verkündige euch große Freude.«

»Doch nicht so brüllen«, unterbricht ihn Mama, »dann dröhnen einem höchstens die Ohren, aber eine Freude ist das nicht. Etwas leiser mußt du sein, aber trotzdem deutlich.«

Hannes nickt wieder, liest weiter vor und ist jetzt plötzlich so leise, daß Mama sich näher zu ihm hinbeugen muß, um ihn noch zu verstehen.

»Euch ist heute das Christkind geboren«, murmelt er, »darum machet euch auf nach Bethlehem.«

Und wie sie das Kind dort finden werden, nämlich in Windeln gewickelt und in einer Krippe liegend, das kann Mama beim besten Willen nicht mehr verstehen.

»Na, das kann ja noch heiter werden«, stöhnt sie. Immerhin hat sich aber dadurch Felix beruhigt. Schnurrend kommt er ins Wohnzimmer zurück.

In der nächsten Zeit vergeht kaum ein Nachmittag, ohne daß Hannes zu Hause seine Rolle übt. Mal ist Papa der Hirte, der sich nicht fürchten soll, mal Rolf, mal Mama. Und Hannes brüllt oder flüstert oder bleibt im Text stecken, den er doch längst auswendig können müßte.

»Spiel doch den Esel an der Krippe«, schlägt Rolf irgendwann vor, als Hannes mal wieder hängenbleibt, »dann brauchst du nur i–a zu rufen, so laut oder leise wie du willst.«

Gerade will Hannes ihm das Rollenbuch an den Kopf werfen, da ermahnt Papa die beiden. »Nana«, sagt er, »steht da nicht was vom Frieden auf Erden in der Geschichte?«

Dann endlich ist es soweit: der letzte Schultag vor den Ferien, auf den Rolf sich so sehr gefreut hat und vor dem Hannes vor Unruhe bibbert.

Biermann hat die Turnhalle wirklich schön herrichten lassen, sogar eine Herberge ist vorne, wo sonst die Reckstangen stehen, aufgebaut worden. Rolf, der zwischen Mama und Papa sitzt, schaut sie sich genau an. Die drei machen noch Witzchen, während sich langsam die Halle füllt. Ob Hannes wohl wieder steckenbleiben wird oder zu leise spricht wie so oft bei den Proben?

Als dann aber das Licht ausgeht und das Spiel beginnt, da sind alle drei plötzlich ganz ernst, und Rolf stellt überrascht fest, daß er so aufgeregt ist wie Hannes heute morgen.

Die Hirten sitzen im Gras und unterhalten sich, etwas undeutlich, wie Mama leise murmelt, denn hier hinten versteht man kaum ein Wort.

Dann kommt Hannes, ganz in einen weißen Umhang gehüllt, einem alten Bettuch von Oma Nelle.

Sei jetzt ganz ruhig, Hannes, denkt Mama. Sei bloß nicht so leise, denkt Rolf. Brüll nicht wieder so laut, denkt Papa.

»Fürchtet euch nicht!« ruft Hannes, »fürchtet euch nicht, denn ich verkündige euch große Freude.«

Und seine Stimme klingt klar und verständlich und sogar ein bißchen feierlich, so daß es Rolf einen Schauer über den Rücken jagt. Und der Engel führt die Hirten ganz sicher nach Bethlehem und zeigt ihnen noch das Kind in der Krippe. Erleichtert lehnen sich die drei zurück, als Hannes von der Bühne geht. Nicht einmal hat er sich versprochen.

»War er nicht Klasse, unser Hannes?« flüstert Mama, worauf Papa leise seufzt.

»Aber wenn man bedenkt, wieviel wir mit dem geübt haben...«

Heinrich Peuckmann

11. Dezember
Engel – gibt's die?

Engel – an Weihnachten dürfen sie auf keinem Bild von der Geburt Jesu fehlen. Auch sonst lesen wir oft von ihnen in der Bibel. Und wir haben gelernt, daß jeder seinen Schutzengel hat. Dennoch zweifeln nicht wenige: Gibt es sie wirklich – die Engel?

Der Name Engel ist ein deutsches Lehnwort aus der griechischen und lateinischen Sprache (angeloi/angeli = Boten).

»Der hat aber einen guten Schutzengel gehabt!« sagen die Leute manchmal, wenn jemand auffallend einer drohenden Gefahr entronnen ist. Sagen die Leute das nur, um nicht ganz banal »Der hat aber Schwein gehabt!« sagen zu müssen, oder glauben sie wirklich an den »Boten« Gottes?

Lange war es – auch in der Kirche – still um die Engel geworden. Man hatte nur noch verlegen von ihnen gesprochen. Engel, die nur noch liebenswerter Zierrat sind, besitzen aber keine Leuchtkraft mehr und stehen mit Gnomen, Elfen und Fabelwesen auf gleicher Stufe.

Feststeht: Wollte man die Engel leugnen, müßte man viele Seiten aus der Heiligen Schrift herausreißen. Die Bibel ist von der Realität der Engel überzeugt, wenn sie immer wieder davon erzählt, wie Engel im Auftrag Gottes Botschaften überbringen. Wie sie in seinem Namen handeln oder Menschen an den Kreuzwegen ihres Lebens begegnen. So war es bei Abraham, bei Jakob, bei Elija, so war es bei Maria in Nazaret, bei den Hirten auf den Feldern Bethlehems, bei Zacharias im Tempel, bei Petrus im Gefängnis.

Auch später haben immer wieder Frauen und Männer versichert, Botengänger Gottes erlebt zu haben. Eines ist allen Engelberichten gemeinsam: Das, was Menschen geschenkt wurde, war immer nur ein flüchtiger Berührungspunkt. Engel entziehen sich unserem Festhalten- und Begreifenwollen. »Plötzlich entschwand der Engel« – heißt es immer wieder.

Weil die Engel mit der Botschaft, die sie im Namen Gottes überbringen, gleichsam den Abstand zwischen Himmel und Erde überbrücken, haben wir Menschen in unseren Darstellungen den Engeln Flügel beigegeben. Der menschlichen Blicke wegen tragen die Botengänger Gottes Kleider und Gewänder. Mal werden sie als junge Männer dargestellt, mal als schöne Frauengestalten. Wenn in Stefan Lochners Bild »Madonna im Rosenhag« die Engel kleinen Kindern ähnlich sehen, verweist der Maler damit auf Gott, der sich nicht scheute, in der Menschwerdung ein Kind zu werden und, wie andere Kinder, auf dem Schoß der Mutter zu sitzen.

Engel sind Gottes Möglichkeiten. Ob ich mit ihnen rechne und an sie glaube, hängt von meinem Gottesbild ab. Reden gläubige Menschen von Engeln, dann sprechen sie von Gott und seiner geglaubten Gegenwart.

Eine alte Legende erzählt, der den Menschen begleitende Engel schreite hinter dem Menschen her. Erst in der Todesstunde komme er ihm unerwartet von vorn entgegen und sei als sein Freund erkennbar. Der von solchem Glauben erfüllte Mensch fühlt sich geborgen und von Gottes Engeln geleitet und geschützt.

Winfried Daut

Alte Engeldarstellungen aus Westfalen, Meisterwerke der Kunst, fotografiert von Anni Borgas.

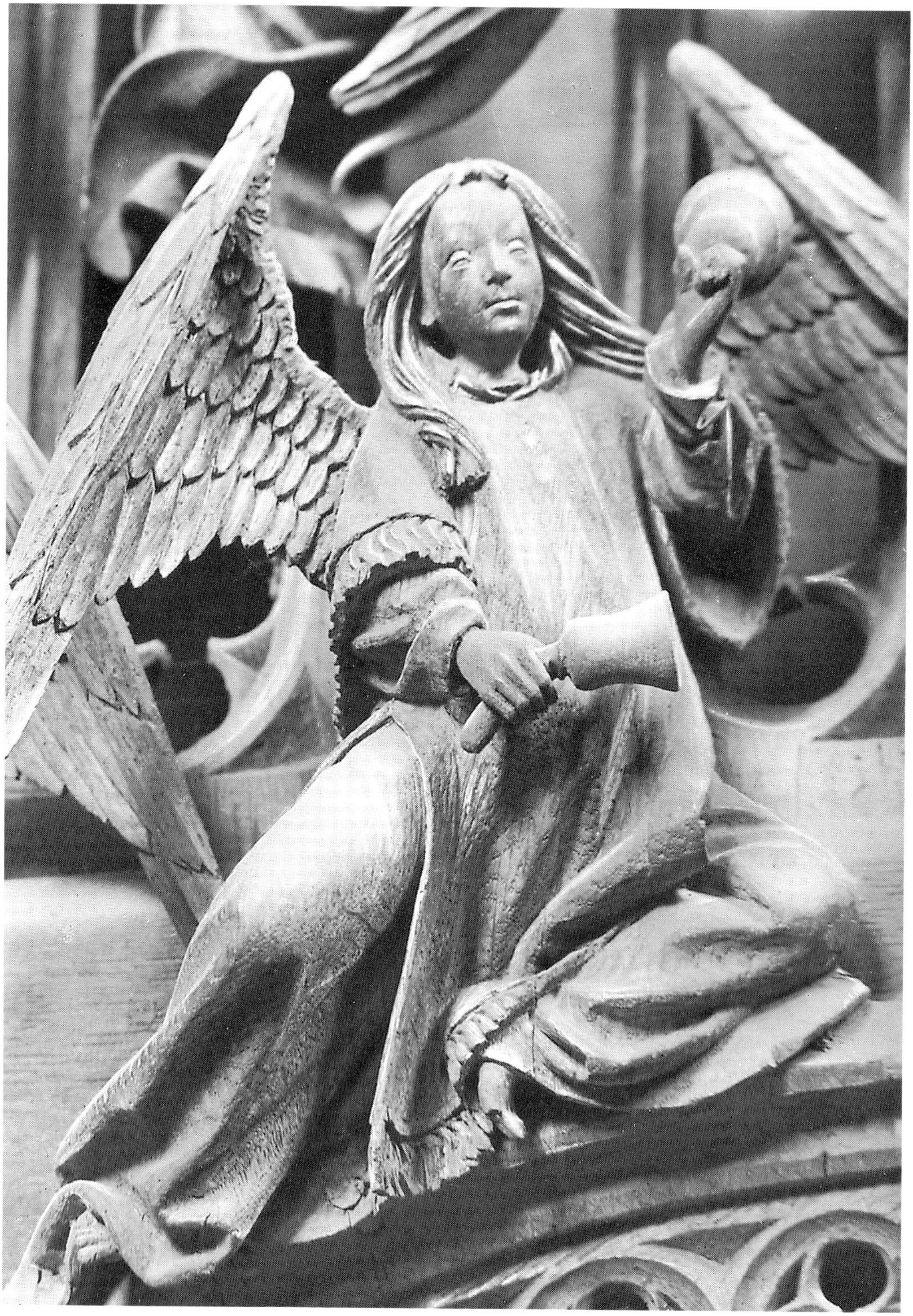

Die Westerholter Weihnachtswichtel

In Herten–Westerholt, wo sich die alten Fachwerkhäuser nur so aneinanderreihen, veranstaltete der rührige Heimatverein im vergangenen Jahr eine Podiumsdiskussion, an der neben weiteren Experten auch der bekannte Schalker Wichtelforscher Professor Nacht-Weihmanns teilnahm. Es ging um die Frage, wie man wohl die weltberühmten Westerholter Weihnachtswichtel in die Gegenwart zurückholen könne.

Zu Zeiten dieser Wichtel, das wußten alte Westerholter mit leuchtenden Augen zu erzählen, war die Weihnachtszeit eine einzige riesengroße Bescherung gewesen. Die Wichtel, von denen es nur so wimmelte, erledigten einfach alles, vom Hausputz bis zur Weihnachtsbäckerei, vom Kaffeekochen bis zur Bügelwäsche, und sie besorgten selbst den Weihnachtsbaum und die Geschenke. Die Westerholter brauchten nichts zu tun, außer daß sie noch selber die Weihnachtslieder sangen und den Festbraten aßen. Dank der Wichtel war Weihnachten für die Westerholter damals wirklich wie Weihnachten. Aber mit einem Mal waren die Wichtel weg.

Darüber wurde nun diskutiert. Man redete so lange von Resozialisation, Reintegration, Reanimation, Rehabilitation und Realisation, bis die Gespräche ergebnislos im Sande verliefen. Beinahe kam's zum handfesten Krach, weil der Professor kategorisch die Errichtung von Windkrafträdern im Ort als Lockmittel für Wichtel forderte, was die Denkmalschützer heftig ablehnten.

Als der Vorsitzende jenes Heimatvereins wenige Tage später zu Hause am Computer saß und im Internet surfend nach Wichteln Ausschau hielt, kriegte er plötzlich ein E-Mail auf den Bildschirm. »Liebe Westerholter Wichtelfreunde!« begann der Brief, und unterschrieben war er mit »Eure alten Weihnachtswichtel«. »Für alles habt Ihr heute Maschinen«, beschwerten sich die Wichtel, »Maschinen fürs Kochen, Backen, Putzen und Waschen. Wofür braucht Ihr da noch uns«, fragten sie, »wenn die Maschinen alles für Euch erledigen? Statt selber zu singen, legt Ihr eine CD auf, und zum Essen geht Ihr aus. Wünscht Ihr uns wirklich zurück?!«

Tja, das ist die Frage. Darüber soll dann in diesem Jahr in Westerholt diskutiert werden, aber ohne den Professor.

Thomas Ostendorf

12. Dezember

Hänsel und Gretel

Hänsel und Gretel verliefen sich im Wald.
Es war so finster und auch so bitter kalt.
Sie kamen an ein Häuschen
von Pfefferkuchen fein.
Wer mag der Herr wohl
in diesem Häuschen sein?

Hu, Hu, da schaut' eine alte Hexe raus!
Lockte die Kinder ins Pfefferkuchenhaus.
Sie stellte sich gar freundlich,
o Hänsel, welche Not!
Ihn wollt' sie braten
im Ofen braun wie Brot!

Doch als die Hexe zum Ofen schaut' hinein,
ward sie gestoßen von Hans und Gretelein.
Die Hexe mußte braten,
die Kinder gehn nach Haus.
Nun ist das Märchen
von Hans und Gretel aus.

Bastel Hänsel und Gretel und die Hexe

Du brauchst:
- Tapetenkleister
- Zeitungspapier
- Farbe (z.B. Plakafarbe)
- Pinsel

Für die Figuren mußt Du dir eine Masse aus Kleister und Zeitungen herstellen. Rühre Dir zunächst etwas Tapetenkleister nach Packungsanleitung an. Reiß Dir kleinste Schnipsel von einer Tageszeitung ab und lege sie in die Kleistermasse. Du mußt so viele Schnipsel hinzugeben, bis eine dicke Masse entsteht. Lasse diese Masse mindestens zwölf Stunden richtig einweichen.

Mit der Masse kannst Du nun so wie mit Knetmasse arbeiten und Dir Figuren formen. Nachdem die Figuren getrocknet sind, kannst Du sie mit Farbe und Pinsel bemalen.

Hexen

Während die Kleinen das süße Hexenhäuschen lieben, fürchten die Großen den schmerzhaften Hexenschuß. Das leckere Häuschen ist eine Erfindung »findiger« Geschäftsleute zu den weihnachtlichen Aufführungen von Engelbert Humperdincks Märchenoper »Hänsel und Gretel«. Der Hexenschuß hält sich leider weder an eine befristete Jahreszeit noch ausschließlich an Geschäftsleute, noch ist er überhaupt märchenhaft. Aber weit eher als das niedliche Knusperhäuschen trifft er die früheren – und teils noch gegenwärtigen – Vorstellungen von Hexen.

Danach ist eine Hexe meistens eine alte Frau, die mit ihren triefenden, rot entzündeten, blinzelnden Augen unter dicht zusammengewachsenen Brauen abstoßend häßlich ist. Eine Hexe ist schmutzig, hat ungepflegt zerzaustes Haar, Bartwuchs, ein spitzes Kinn, das fast mit der krummen Nase zusammenstößt, und dicke Warzen im Gesicht. Sie ist dürr und bleich und bucklig. Sie hinkt. Sie spricht mit einer schnarrenden, männlichen Stimme. Aus dem Mund tropft Speichel, und sie zischelt zwischen vielen Zahnlücken. Sie ißt gerne fett und das mit krallenartig krummen Fingern. Waschwasser verabscheut sie, und Weihwasser verträgt sie schon gar nicht. Eine Hexe pflegt mit dem Teufel Umgang und reitet auf einem Reisigbesen durch die Lüfte. Wenn sie nicht gerade Kräuter sammelt und giftige Gebräue kocht oder Kinder frißt, fügt sie in teuflischem Auftrag und aus böser Lust Mensch und Tier Schadenszauber zu: Sie behext zum Beispiel Menschen mit dem Hexenschuß.

Hexen sind also die reinen Schreckgespenster. Und wirklich sind sie – wie das Exemplar bei »Hänsel und Gretel« – nichts weiter als Gespenster. Zum Unglück gab es aber Zeiten, in denen die Menschen in Europa solche Teufelsphantasien für wahr hielten. Sie glaubten, es gäbe tatsächlich solchen Schadenszauber, solche Teufelspakte, solche Hexen und Hexer. Vor allem Frauen, aber auch Männer wurden der Hexerei bezichtigt und verfolgt. Auch in Westfalen wurde ihnen der Prozeß gemacht. Mit grausamen Methoden folterte man angebliche Geständnisse aus ihnen heraus. Sehr viele Menschen wurden im 16. und 17. Jahrhundert als vermeintliche Hexen gnadenlos verurteilt und hingerichtet.

Das waren fürwahr gespenstische Zeiten! Doch völlig überwunden sind sie auch heute nicht, denn abergläubische Vorstellungen von der Hexerei haben sich vereinzelt bis in unsere Zeit erhalten.

Thomas Ostendorf

Knusperhäuschen

Für den Teig

300g Honig, 75g Zucker, 2 Pck. Vanillin-Zucker, 1 Ei, 50g sehr weiche Margarine, 4 EL Wasser mit Handrührgerät (Rührbesen) gut verrühren. 600g Weizenmehl mit 30g Kakao, 3 gestr. TL Backpulver mischen, sieben, 2/3 unterrühren, den Rest unterkneten, auf der mit Mehl bestäubten Arbeitsfläche zu einem glatten Teig verkneten, den Teig knapp ½ cm dick ausrollen, zunächst die vordere und die hintere Seite des Hauses (am besten nach Papierschablone: 2 Giebelseiten, Seitenlänge 10 cm, Seitenhöhe 5 cm, Firsthöhe 14 cm) ausschneiden, auf ein mit Backpapier belegtes Backblech legen, mit flüssiger Schlagsahne bestreichen. Dach und Seitenteile (2 Rechtecke 14 x 12 cm und 2 Rechtecke 5 x 12 cm) ausschneiden, auf ein mit Backpapier belegtes Backblech legen, mit Sahne bestreichen. Aus einem Teil des restlichen Teiges Figuren in verschiedenen Größen ausstechen, auf das Dach legen, mit Sahne bestreichen.

Ober-/Unterhitze etwa 200°C (vorgeheizt), Heißluft etwa 180°C (nicht vorgeheizt), Gas etwa Stufe 4 (vorgeheizt). Backzeit etwa 15 Minuten

Für die Gebäckplatte

einen Teil des restlichen Teiges auf einem gefetteten Backblech ausrollen, mit Sahne bestreichen, kleine Kugeln formen, als Zaun an den Rand legen.

Aus dem restlichen Teig Tannenbäume und Platten für den Hauseingang ausschneiden, mit auf das Backblech legen, mit Sahne bestreichen. Herdeinstellung und Backzeit siehe oben.

Für den Guß

200g Puderzucker sieben, mit so viel Eiweiß mit Handrührgerät (Rührbesen) verschlagen, bis eine dickflüssige Masse entsteht, Hausteile auf der Gebäckplatte zusammensetzen, Haus, Tannenbäume und Zaun mit Puderzuckerguß verzieren, nach Belieben mit Nüssen, Süßigkeiten garnieren, mit Puderzucker bestäuben.

Das Knusperhäuschen-Bild wurde mit freundlicher Genehmigung des Ceres-Verlages, Bielefeld, dem Dr. Oetker-Buch »Weihnachtliches Backen« entnommen.

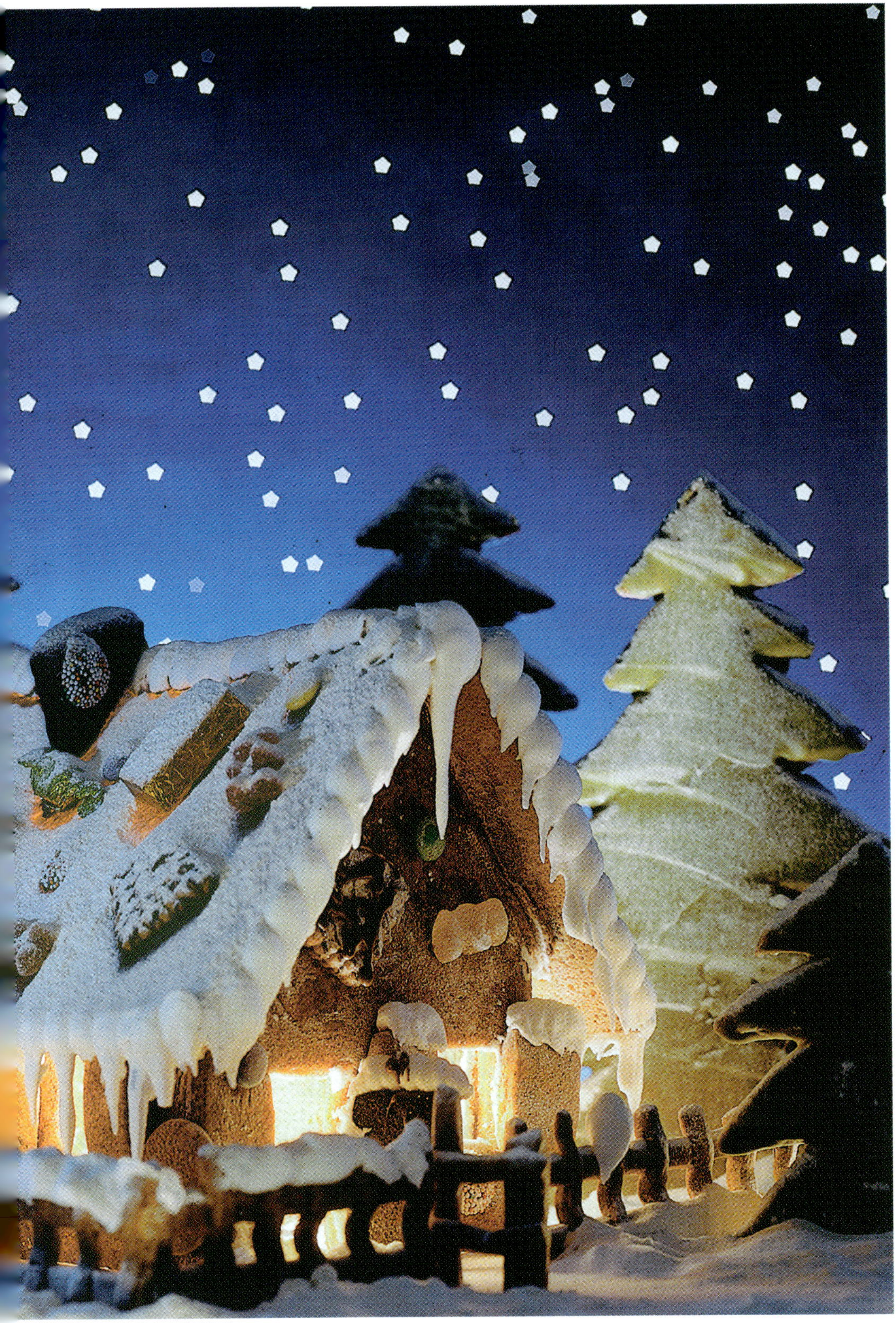

13. Dezember

Freundliche Empfehlung: Ein Besuch im Krippenmuseum in Telgte

Das Krippenmuseum in Telgte bei Münster (Bild links, mit der Marienkapelle) beherbergt eine Krippensammlung von erstaunlicher Vielfalt und arrangiert immer wieder Wechselausstellungen. Es ist ganzjährig geöffnet. Das schlicht-funktionale Bauwerk, 1984 eröffnet, entstand nach den Plänen des westfälischen Architekten Josef Paul Kleihues, der in Fachkreisen internationalen Ruf genießt. Unmittelbar gegenüber dem Krippenmuseum liegt das Heimathaus Münsterland, das ebenfalls weit über die Grenzen der Wallfahrtsstadt an der Ems geachtet ist.

Krippenmuseum Telgte, Herrenstraße 1, 48291 Telgte, Telefon 02504/93120. Öffnungszeiten: Dienstag bis Sonntag von 10 bis 18 Uhr.

Unten: Eine provenzalische Krippe von Julien und Colette Devouassoux, Puyvere 1992.

Eine Hauskrippe mit beweglichen Figuren, holzgeschnitzt in textiler Bekleidung, Warendorf, Mitte 19. Jahrhundert (links). Daneben: 1929 schnitzte der 16jährige Köttersohn Heinrich Budde aus Greffen diese münsterländische Bauernkrippe, die Figuren bemalte er farbig.

Anbetung der Hirten – Albert Nadolle aus Münster schuf 1989 diese naive Schnitzarbeit aus Eichenholz (links). Daneben: Heiliger Abend im Männerasyl – ein puppenstubengroßes Werk von sieben ehemals Obdachlosen, bestehend aus textilen Figuren. Dieses Szenario entstand 1986 in Paderborn.

Die sogenannte Jesuitenkrippe, eine der ältesten noch erhaltenen Kirchenkrippen des Münsterlandes mit bekleideten Wachsfiguren; aus der ehemaligen Jesuitenkirche in Münster (um 1820, Bild links). Daneben: »Weihnachten auf der Haar«, 1991, glasierte Tonfiguren von Jan Will, Rüthen, damals zehn Jahre alt.

In welcher Stadt ist dieser Weihnachtsmarkt?

Weihnachtszeit, Zeit der Weihnachtsmärkte. Die junge Freckenhorster Malerin Anne Mußenbrock hat vor einer stimmungsvollen historischen Kulisse die Atmosphäre eines solchen Weihnachtsmarktes eingefangen. Großzügig, wie Künstler nun einmal sind, hat sie wichtige Gebäude der Stadt viel dichter zusammengedrängt als in der Wirklichkeit.

Und nun Eure Suchaufgabe. Da gibt es den hl. N......s. Sucht ihn und ergänzt die fehlenden Buchstaben. An der Kirche mit dem spitzen Turm findet sich ein U....g. Auch hier: Bitte die fehlenden Buchstaben einsetzen. Dann leuchtet da der S...n von Bethlehem. Irgendwo unten rechts versucht ein Junge, ein M......n anzulocken. Ob ihm das gelingt? Mächtig überragt das R.....s den Weihnachtsmarkt. Vom Umgang am höchsten Kirchturm tutet der T....r zur Nachtzeit die volle Stunde. In der Mitte des Bildes, über dem Dackel, findet Ihr zwei E...l. Und aus dem Weihnachtsbaum lugt mit wachen Augen eine E..e.

Der erste Teil Eurer Aufgabe ist erfüllt, Ihr habt die fehlenden Buchstaben ergänzt. Nun müßt Ihr den zweiten Teil des Suchspiels angehen. Acht Wörter habt Ihr ausgefüllt. Nehmt nun jeweils die Anfangsbuchstaben und fügt sie so zusammen, daß ein Städtename entsteht – der Name jener Stadt, die als schönste in Westfalen gilt.

Achtung: Im Namen dieser Stadt kommt ein »Ü« vor! Die Malerin und wir haben dieses »Ü« in ein »U« und ein »E« aufgelöst, so daß Ihr noch mehr suchen müßt. Die alte Provinzialhauptstadt, deren Namen Ihr finden sollt, hat eigentlich nur sieben Buchstaben. Aber durch das »U« und das »E« ist ein achter dazugekommen. Gemein von uns, nicht wahr?

Viel Freude beim Gucken und Suchen! Schreibt Ihr uns Euer Lösungswort?

Rainer A. Krewerth • Ilka Nüßing
Hagebuttenweg 7 - 48231 Warendorf

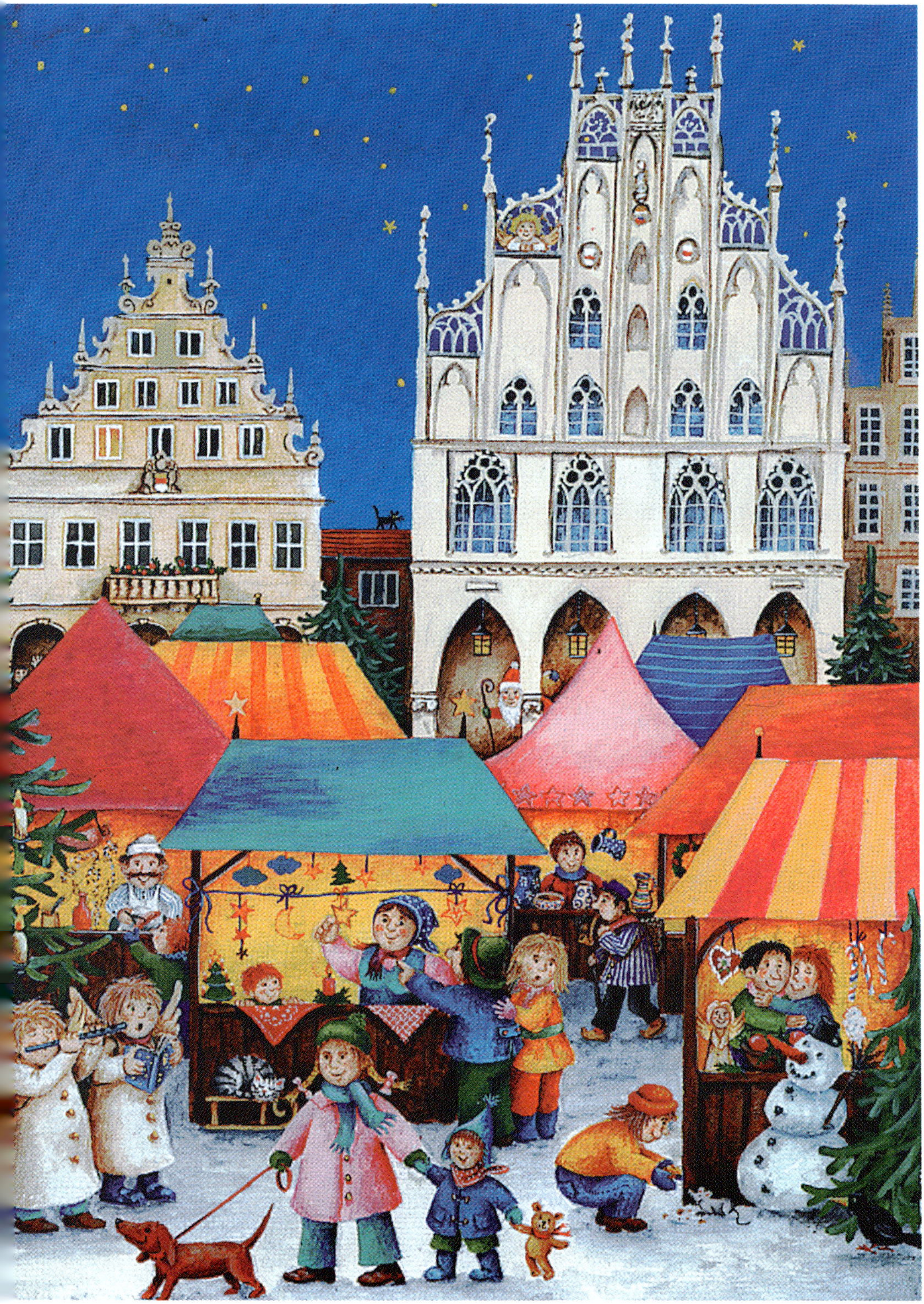

14. Dezember
1898–1998
Die alte Puppenküche

Ursula Domke-Rudolph als kleines Mädchen in Görlitz.

Chemnitz, Weihnachten 1898: Im gemütlichen Wohnzimmer, unter dem Weihnachtsbaum, steht eine prächtige Puppenküche mit schönen weißen Möbeln, mit glänzendem Geschirr. Auf dem Herd blinken Kupfertöpfe und -pfannen.

Jubelnd nimmt die achtjährige Henriette alles in Besitz, lächelnd sehen die Eltern das Glück ihres Kindes.

Einige Tage später erkrankt das Kind an Diphterie und stirbt. Der Tod raubt Mutter und Vater das Einzige und Liebste, was sie haben. Die Puppenküche wird verpackt und auf Jahre hinaus in einer Bodenkammer verwahrt.

Chemnitz 1918, 20 Jahre später: Ein schlimmer Krieg ist über das Land gegangen. Es ist Kriegsschluß, doch mein Vater ist noch in französischer Gefangenschaft. Meine Mutter wartet mit ihrem vierjährigen Töchterchen Charlotte auf seine Heimkehr. Kurz vor dem Weihnachtsfest kommt der Vater heim.

Die Eltern der so früh verstorbenen Henriette bieten ihm die Puppenküche, die immer noch auf dem Dachboden schlummert, zum Kauf an. Seitdem ist sie im Besitz unserer Familie.

Zu Charlotte, meiner Schwester, gesellt sich noch eine Dorothea, und jedes Jahr wird die kleine Küche nun unter dem Weihnachtsbaum der Familie Domke stehen.

Chemnitz/Görlitz 1923: Meine Eltern ziehen um nach Görlitz in Schlesien an der späterhin so schrecklich geschichtsträchtigen Görlitzer Neiße (»Oder-Neiße-Linie«). Hier haben sie ein Hotel gekauft, den »Braunen Hirsch«. Im Umzugsgut reist die Puppenküche mit.

Im Jahre 1925 werde ich geboren; zu Charlotte und Dorothea ist eine kleine Ursula gekommen. Das bin ich. 1929 werde ich stolze Besitzerin der kleinen Küche. Ich erinnere mich noch an das große Glück, das ich empfand. Wahrscheinlich haben meine Bäckchen so geglüht wie damals die der kleinen Henriette in Chemnitz, und meine Eltern haben wohl auch so gestrahlt wie die des so früh an Diphterie verstorbenen Kindes.

An der Hand meines Kinderfräuleins darf ich nun in der großen Görlitzer Hotelküche des »Braunen Hirschen« einkaufen. Alles, was zum Backen und Kochen notwendig ist, kann ich dort bekommen, es wird freundlich-augenzwinkernd an mich Nesthäkchen abgezweigt.

Ich weiß noch, daß ich meine Aufgabe als kleine Hausfrau sehr ernst nahm. Jedes Jahr im Januar »verschwand« die ganze Herrlichkeit der Weihnachtspuppenküche auf geheimnisvolle Weise, um im nächsten Jahr aufgefrischt und mit vielen Überraschungen versehen wieder unter dem Lichterbaum zu stehen.

Einmal hatte mein Vater »fließend Wasser« in die Küche gelegt, ein andermal erstrahlte sie im Licht kleiner elektrischer Lampen.

Doch der ganz große Schritt in die neue Zeit war ein elektrischer Herd. Weitere moderne Geräte kamen hinzu – eine winzige Wandkaffeemühle, die wirklich mahlte, oder gar ein Fleischwolf, man stelle sich vor!

Ich war für meine Liebhaberei als kleine Hausfrau bestens ausgestattet.

Eines Kinderfräuleins aber bedurfte ich nicht mehr, ich wuchs rasch heran. Als ich zwölf Jahre alt wurde, wanderte unsere Weihnachtspuppenküche – wie damals in Chemnitz, so nun in Görlitz – gut verpackt auf den Dachboden.

Görlitz, Kriegsende 1945: Das Ende des Zweiten Weltkriegs verschlägt mich – ich bin inzwischen junge Lehrerin – über die Tschechei nach dem Westen. Ich heirate und bekomme einen Sohn. In Görlitz aber besetzen und beschlagnahmen marodierende Banden und die Sowjetische Kommandatura unser schönes Hotel, den »Braunen Hirschen«. Es wird ausgeraubt und zerstört.

Mein Vater wird aus dem berüchtigten Zuchthaus Bautzen nach Mühlberg an der Elbe verschleppt, er überlebt die Gefangenenlager nicht. Mutter muß das Haus verlassen.

Doch – o Wunder! Unser alter Stubenwagen aus Korbgeflecht mit hohen Holzrädern, Modell 1890, und die Puppenküche aus Chemnitz, Baujahr 1898, werden übersehen. Mutter bringt unsere Kostbarkeiten in Sicherheit.

Freckenhorst bei Warendorf und Münster, 1950: Mein Mann hat sich als Arzt niedergelassen, wir haben vier Kinder. Da schickt Mutter Domke aus Görlitz viele, viele Pakete, nach und nach und immer wieder. Der Inhalt: Puppengeschirr, Töpfe, Pfannen, Möbel, nein: Möbelchen.

Das Hotel »Brauner Hirsch« in Görlitz, Elternhaus von Ursula Domke-Rudolph.

Zuletzt schickt sie sich selbst gewissermaßen, kommt also nach Freckenhorst und führt als Reisegepäck Stubenwagen und Puppenküchenwände mit sich. Welch eine ost-westliche Reise in schweren Zeiten... 1951 feiert die Puppenküche fröhliche Urständ in Westfalen, und als Tribut an die russischen Besatzer im Osten geschieht das sogar mit einem Samowar in kindgemäßer Größe.

Im Jahre 1956 ist meine Kinderzahl auf drei Buben und fünf Mädchen angewachsen. Nur deren Vater fehlt, er ist gestorben. Aber die Puppenküche, die einst von Chemnitz über Görlitz und durch mancherlei Verstecke, durch Päckchen und Pakete und die Reichs- und Bundesbahn nach Freckenhorst gewandert ist – sie ist geblieben.

Viele Jahre gilt sie meinen Kindern und mir als Mittelpunkt weihnachtlicher Bescherung. Aus Kindern werden Leute, und inzwischen haben dreiundzwanzig Enkelkinder das Licht der Welt erblickt. Jedes hat seine ersten Kochversuche in Omis Puppenküche gewagt.

Jede Spiel– und Ausprobiergeneration hat etwas verspielt und verschlampert, was sich über beinahe ein Jahrhundert zwischen Chemnitz, Görlitz und Freckenhorst angesammelt hatte. Da kommt, in glücklicher Erinnerung an die eigene Kindheit, eine Aufgabe auf mich zu: Die Omi muß liebevoll ergänzen, muß auf dem Trödelmarkt Ersatz suchen.

Freckenhorst, Weihnachten 1998: Jetzt bin ich alt. Die gute alte Küche steht in meinem Wohnzimmer, sie wird nicht mehr weggepackt! Das ganze Jahr über freue ich mich an ihr. Nun schenken mir die Kinder schöne Dinge zur stets erneuerten Ausstattung, irgendwo stöbern sie sie auf – einen neuen Satz Kupfergeschirr, Backformen, Keramisches zum Beispiel aus der guten alten Töpferstadt Bunzlau am schlesischen Boberfluß.

Ein frischgebackener Doktor bastelt mir ein klitzekleines Tellerbord, viel feinfühlige Mühe steckt darin. Die Enkel sind fast schon erwachsen.

Dieses Jahr, Weihnachten 1998, kommen die ersten beiden Urenkelinnen, Nina und Anna, um unter den Augen ihrer Mutti in der Puppenküche zu kochen und zu brutzeln, zu braten und zu backen. Beim Festmahl werden die zwei Kleinsten strahlen, und ich möchte in Gedanken bei Henriette in Chemnitz sein und unter dem Weihnachtsbaum bei meinen Eltern damals in Görlitz.

Ach, du gute alte Puppenküche!

Ursula Domke-Rudolph

Der gute alte Bratapfel

Zu den billigsten und gesündesten Köstlichkeiten in der Adventszeit gehört der Bratapfel. Wenn man ihn am späten Nachmittag oder zum Abendessen mit Schokoladen– oder Schaumsoße schön heiß serviert und sich Weihnachtsgeschichten, vielleicht bei Kerzenlicht, erzählt, so sorgt der Bratapfel für eine gemütliche Stimmung.

Und so richtet man ihn: Man sticht einen schönen festen, möglichst rotbackigen Apfel mit dem Apfelstecher aus, so daß Kerngehäuse und Stiel entfallen, und füllt ihn mit Leckereien, wie zum Beispiel Zuckerstückchen, Honig, Rosinen, Haselnüssen, Mandeln, Preiselbeer– oder Johannisbeermarmelade oder auch mit Rumfrüchten. Bei ca. 150 Grad 20 Minuten lang im Backofen braten oder für 2 Minuten in den Mikrowellenherd geben. Die gerunzelte Schale wird mitgegessen.

15. Dezember

Die naschhafte Müllerin

Weihnachtsgebäck zu naschen ist die eine Sache. Wer tut's nicht gerne?! Eine andere Angelegenheit ist das Backen jener Leckereien. Das ist, weil mit Arbeit verbunden, weit weniger angenehm. Und wenn es – wie in früherer Zeit – noch keine Supermärkte gibt, in denen man das süße Zeug mal eben so aus dem Regal greifen kann, muß man sich schon etwas einfallen lassen, um mühelos an Spritzgebäck, Lebkuchen, Kokosplätzchen, Marzipan und was es sonst noch so gibt zu kommen.

In eben jener Zeit, als es noch keine Supermärkte gab, ließ eine Müllerin in der Nähe von Minden in Ostwestfalen sich etwas einfallen. Weil sie überaus faul war und den Backofen allenfalls zum Füßewärmen anheizte, aber für ihr Leben gern Lebkuchen und die anderen Näschereien genoß, besuchte sie in der Advents- und Weihnachtszeit reihum ihre Verwandten und Bekannten, mit denen sie ansonsten das Jahr über nichts zu tun haben wollte, und futterte ihnen das leckere Gebackene weg. Nach ein paar Jahren war sie so beliebt wie eine Mäuseplage, und weil ihr die Türen nun verschlossen blieben, lud sie sich selbst bei wildfremden Leuten ein und fiel über deren Weihnachtsgebäck her. Bald war sie in weitem Umkreis als gefräßige Weihnachtsraupe verschrien.

Weil sie endlich niemand mehr in sein Haus einließ, ihr Appetit auf weihnachtliche Leckereien aber schier unbändig war, entsann sie sich glücklich der Wichtel, die seit alters her in der Mühle hausten. Die Wichtel würden wohl für sie backen, glaubte sie. In einem schlauen Buch schlug sie nach, wie sie's anstellen müßte. Des Abends packte sie alle Zutaten fürs Gebäck in rauhen Mengen auf den Küchentisch, hüpfte – wie sie's gelesen hatte – abwechselnd auf dem linken und dem rechten Bein dreimal um den Tisch herum, stellte in jede Zimmerecke ein Glas Milch nebst einem trockenen Mettendchen und legte sich erwartungsfroh ins Bett, die Zudecke bis zum Kinn hochgezogen.

Es dauerte nicht lange, da begann es in der Küche zu rumoren. Betörende Backdünste stiegen der Müllerin in die Nase. Sie wußte, daß sie die Wichtel auf keinen Fall bei der Arbeit stören durfte, und weil sie sich vor lauter Gier kaum noch bezwingen konnte, ließ sie ihren Mann sie mit kräftigen Stricken ans Bett fesseln. Die ganze Nacht tat sie kein Auge zu, und einmal wäre sie fast an dem Wasserstrom, der ihr im Mund zusammenlief, jämmerlich erstickt.

Kaum graute der Morgen, befahl sie dem Müller, sie loszubinden. Sie flog mehr als daß sie ging in die Küche. Der Duft nach Weihnachtsgebäck hing so schwer im Raum, daß sie vor Eßlust jauchzte. Die Küche war sauberst aufgeräumt. Alles stand an seinem Platz. Alle Zutaten waren verbacken, und auf dem Tisch lag ein Zettel.

> Vielen Dank für die nette Weihnachtsgabe. Es hat uns allen nach der Arbeit köstlich geschmeckt. Frohe Weihnachten!

Womit nachgewiesen wäre, daß Wichtel schreiben können.

Thomas Ostendorf

Bastel Weihnachtskugeln

Du brauchst:
- Tapetenkleister
- Zeitungspapier
- Wasserbomben
- weißes Papier
- Farbe (z. B. Plakafarbe)
- Pinsel
- Nähgarn

Rühre zunächst den Tapetenkleister nach Packungsanleitung an. Wieviel Kleister Du brauchst, hängt davon ab, wieviel Kugeln Du machen möchtest.

Puste zunächst eine Wasserbombe auf und knote sie zu.

Reiße danach aus Zeitungspapier kleine Schnipsel und klebe sie mit Kleister auf die Wasserbombe. Du mußt viele Schichten ganz gleichmäßig kleben. Lasse den Verschluß der Wasserbombe herausstehen, daran kannst Du später ein Band zum Aufhängen befestigen.

Wenn Du nun vier bis fünf Schichten Zeitungsschnipsel aufgeklebt hast, mußt Du noch eine Schicht aus weißem Papier mit Kleister auftragen. Nun brauchst Du etwas Geduld, bis die Kugeln getrocknet sind. Auf der warmen Heizung geschieht dies schneller.

Sind die Kugeln trocken, so kannst Du die Kugeln nach Deiner Wahl anmalen. Vielleicht färbst Du die Kugeln erst in einer Farbe und bemalst sie dann mit Sternen oder Punkten. Dir fällt sicherlich etwas ein.

Binde noch ein Band, z.B. Nähgarn, an den Verschluß der Wasserbombe, so daß Du Deine Kugel aufhängen kannst.

Leo Spekulatius, der Lebkuchenmann

Refrain: Hört euch die Geschichte an von Leo Spekulatius, dem Lebkuchenmann, dem Lebkuchenmann.

1. So köstlich, zart und knusprig, so duftend und so frisch stand Leo Spekulatius einst auf dem Bäckertisch. Und wer ihn sah, der kam ganz nah, um ihn sich anzusehn, denn Leo Spekulatius, der roch so wunderschön.

Mariechen sah den Leo
so duftend zart und frisch
und kaufte Spekulatius
direkt vom Bäckertisch.
Wie riecht der fein!
Sie packt ihn ein.
Den schenk' ich meinem Mann!
Doch Leo Spekulatius,
ja den vergißt sie dann.
Refrain: Hört euch die Geschichte an

Als Weihnachten gekommen,
und alle freuten sich,
lag Leo Spekulatius
nicht auf dem Weihnachtstisch.
Ganz unten in
der Tasche drin,
da lag der arme Mann!
Da fing der Spekulatius
schon bald zu weinen an.

Als Weihnachten vorüber,
der Sommer kam ins Land,
geschah es, daß Mariechen dann
den Leo endlich fand.
Er war nicht zart.
Er war so hart
wie Holz, der arme Mann.
Sie sah den Spekulatius,
ganz lang und freundlich an.

Mariechen nahm den Leo
ganz zärtlich in den Arm
und packte ihn in Watte ein,
da wurd's dem Leo warm.
Sie sagte drauf:
Dich heb ich auf
bis wieder Weihnacht ist.
Da hätt' der Spekulatius,
Mariechen gern geküßt.

Als Weihnachten gekommen,
da hing, ihr glaubt es kaum,
der Leo Spekulatius,
an ihrem Weihnachtsbaum.
Hart wie er war,
hängt Jahr für Jahr
am Weihnachtsbaum der Mann.
Seht ihr den Spekulatius,
dann freut euch doch daran!

Text: Rolf Krenzer
Musik: Detlev Jöcker
Aus „Kleine Kerze leuchte",
Menschenkinder-Verlag, Münster

Spekulatius

Für den Knetteig 250g Weizenmehl mit 1 gestr. Teelöffel Backpulver mischen, in eine Rührschüssel sieben, 125g Zucker, 1 Pck. Vanillin–Zucker, 1 Tropfen Bittermandel-Aroma, je 1 Messerspitze gemahlenen Kardamom und gemahlene Nelken, ½ gestr. Teelöffel gemahlenen Zimt, 1 Ei, 100g weiche Butter oder Margarine, 50g abgezogene Mandel hinzufügen.

Die Zutaten mit Handrührgerät mit Knethaken zunächst kurz auf niedrigster, dann auf höchster Stufe gut durcharbeiten, anschließend auf der Arbeitsfläche zu einem glatten Teig verkneten. Sollte er kleben, ihn eine Zeitlang kalt stellen, den Teig dünn ausrollen, mit beliebigen Formen (vor allem Tierformen) ausstechen, auf ein gefettetes Backblech legen.

Werden Holzmodel benutzt, den Teig in den gut bemehlten Model drücken, den überstehenden Teig abschneiden, die Spekulatius aus dem Model schlagen.

Ober-/Unterhitze 170–200°C (vorgeheizt), Heißluft 150–180°C (nicht vorgeheizt), Gas Stufe 3–4 (vorgeheizt). Backzeit etwa 10 Minuten.

Aus den dreißiger Jahren stammt diese Spekulatiusmaschine, die im Krippenmuseum Telgte aufbewahrt wird. Bäckermeister, aber auch meisterlich kochende und backende Klosterfrauen setzten das Gerät ein, um in großen Mengen das köstliche Gebäck zubereiten zu können.

16. Dezember

Der bekehrte Weihnachtsmann

Es gab eine Zeit, da sprach der alte Binder mit den Kindern, die auf dem freien Platz vor seiner Haustür spielten. Damals lebte noch seine Frau, und der Alte kam oft lachend aus der Haustür, winkte die Kinder heran und verteilte Lakritz und Schokoladenplätzchen.

Die Kinder freuten sich, wenn sie ihn sahen, kamen schreiend angelaufen und erzählten ihm, was sie erlebt hatten, alle durcheinander, so daß der alte Binder sein eigenes Wort nicht mehr verstehen konnte.

»Einer nach dem andern!« rief er dann, denn er wollte sie alle hören, die Geschichten der Kinder, die vor seiner Haustür spielten. Dann aber starb seine Frau, und der Alte kam nur noch selten vor die Haustür, um mit den Kindern zu sprechen. Schließlich rief er sie gar nicht mehr. Er saß in seinem Sessel am Fenster, schaute hinaus auf den Platz, aber es schien so, als sähe er die Kinder überhaupt nicht. Die waren zuerst traurig gewesen, hatten mit Lachen und Winken versucht, ihn aufzuheitern, aber als er darauf nicht reagierte, unterließen sie es. Bald dachten sie nicht mehr daran, daß der Alte jemals mit ihnen gesprochen hatte, sie kannten nur noch sein stummes, unbewegliches Gesicht hinter der Fensterscheibe.

Eines Tages, als der kleine Simon den Ball versehentlich gegen die Fensterscheibe schoß, von wo er in Binders Vorgarten fiel und die letzten Margeriten abknickte, sprang der Alte plötzlich auf und begann so laut zu schimpfen, daß es die Kinder durch das geschlossene Fenster hörten.

Und als Simon in den Garten lief, um den Ball zu holen, riß der Alte das Fenster auf und drohte mit der Faust.

Von nun an schimpfte er immer, wenn die Kinder seinem Haus zu nahe kamen, und eine Zeitlang hatten sie Angst vor ihm. Dann aber merkten sie, daß der Alte nur drohen und schimpfen, sie aber nicht fangen konnte. Dafür waren sie zu schnell und er zu alt. Deshalb fingen sie an, ihn zu ärgern, wenn er wieder drohte, weil Karsten sein Fahrrad gegen den Jägerzaun gelehnt hatte, weil Paulinchen, die eigentlich Paula hieß, den Asphalt vor seiner Haustür bemalte, oder Simon laut sang.

Paulinchen machte ihm eine lange Nase, und Karsten und Simon riefen: »Binder, Binder, ärgert kleine Kinder!« Das machte den Alten noch wütender, und sein Gesicht wurde puterrot vor Zorn.

Irgendwann beschwerte er sich bei den Eltern, schimpfte, was das für kleine, freche Biester seien, und daß die Eltern gefälligst aufpassen müßten. Aber die schüttelten nur den Kopf, antworteten, es seien eben Kinder und die könne man nicht festbinden.

Da nahm sich der alte Binder vor, es ihnen selbst zu zeigen, und eine passende Gelegenheit fiel ihm schnell ein.

Die letzten Blätter fielen von den Bäumen, es regnete immer häufiger, und schließlich fiel der erste Schnee.

Der alte Binder nutzte die Tage, sich einen roten Mantel zu besorgen, ein paar schwarze Stiefel, einen langen, weißen Wattebart und eine rote Mütze mit weißem Bommel: Ihr merkt schon, als was er sich verkleiden wollte.

Und richtig, am Nikolaustag stand der Alte in seinem Kostüm vor dem Spiegel und erkannte sich selbst nicht mehr. In der Hand hielt er einen Sack, in dem sich eine Rute befand und ein schwarzes Buch, das all die schlimmen Taten von Paulinchen, Simon und Karsten aufführte, die der Alte für schlimm hielt. Dabei erinnerte er sich noch mal daran, wie Paulinchen ihm eine lange Nase gemacht hatte und Simon und Karsten gerufen hatten: »Binder, Binder, ärgert kleine Kinder!« Richtig wütend war er, als er loszog zu dem Haus schräg gegenüber, in dem die Kinder wohnten.

Die schauten den Nikolaus mit seinem schwarzen Buch in der Hand erwartungsvoll an. Erschrocken oder gar ängstlich, wie es der Alte erhofft hatte, waren sie nicht.

»Wart ihr auch immer artig?« fragte der Nikolaus mit tiefer, drohender Stimme.

»Immer nicht, aber meistens«, antwortete Paulinchen ganz ohne Bedenkzeit.

»Soso, immer nicht«, stellte der Nikolaus fest und nickte bedeutungsschwer mit dem Kopf. »Und der alte Binder, warum wart ihr zu dem böse?«

»War der doch zu uns auch« antwortete Simon.

»Böse zu euch?« Der Nikolaus zog die Augenbrauen hoch. »Hat der denn bei euch auch die Margeriten abgeknickt?«

»Das war Pech!« rief Simon, »der blöde Ball, der sollte gar nicht so weit fliegen.«

»Stimmt", sagte Paulinchen, »tat uns selbst leid. Aber mußte der denn sofort schimpfen?«

»Wenn ihr ihn ärgert«, antwortete der Nikolaus und fing schon an, die Rute aus dem Sack zu ziehen.

»Das war erst hinterher«, rief Karsten, »weil der doch Kinder nicht mehr leiden kann.«

Der Nikolaus stutzte. »Was kann der nicht mehr?«

»Na früher«, sagte Karsten, »da war er fröhlich, lachte und hatte immer zu schlickern für uns. Aber jetzt, seit seine Frau tot ist, schimpft der nur noch.«

Paulinchen nickte, und Simon fügte hinzu: »Vielleicht solltest du mal zu dem gehen und mit ihm schimpfen.«

Der Nikolaus hatte längst aufgehört, die Rute aus dem Sack zu ziehen. Erstaunt sah er die Kinder an.

»Vielleicht ist der auch nur traurig«, sagte Paulinchen jetzt, »jedenfalls meint Mama das, weil der doch immer allein ist und niemand hat, mit dem er sprechen kann. Wenn wir mal hingehen würden, meint Mama, und schellen und ihm was erzählen, vielleicht wird der ja wieder so wie früher.«

Simon und Karsten nickten. »Da war er prima. Ja, vielleicht sollten wir mal zu ihm.«

Der Nikolaus schwieg lange, und auch die Kinder sagten nichts, sondern sahen ihn nur verwundert an. Dann plötzlich lief der Nikolaus weg, lief hinüber zum Supermarkt an der Hauptstraße, der aber schon geschlossen hatte, lief weiter zum Kiosk, wußte zuerst, weil er so verdattert war, gar nicht, was er kaufen wollte, und verlangte dann Lakritz und Schokoladenplätzchen.

Die Kinder staunten, als der Nikolaus kurz darauf wieder vor der Haustür stand, diesmal ohne schwarzes Buch und Rute, ihnen wortlos Schokoladenplätzchen und Lakritz in die Hand drückte und, ehe sie sich versahen, wieder verschwunden war.

An diesem Abend war der alte Binder fröhlich. Alles war ganz anders gekommen, als er es sich gedacht hatte. Laut sang er ein paar Weihnachts– und auch Nikolauslieder, denn es war schön gewesen, den Kindern wieder was zu schlickern in die Hand zu drücken. Traurig stimmte ihn nur, daß der nächste Nikolaustag erst in einem Jahr sein würde. Aber, fiel ihm dann ein, es gab ja schon bald Weihnachten, dann Ostern, und überhaupt, was braucht einer, der Kinder gern hat, einen Festtag zum Anlaß, um ihnen seine Zuneigung zu zeigen.

Heinrich Peuckmann

7

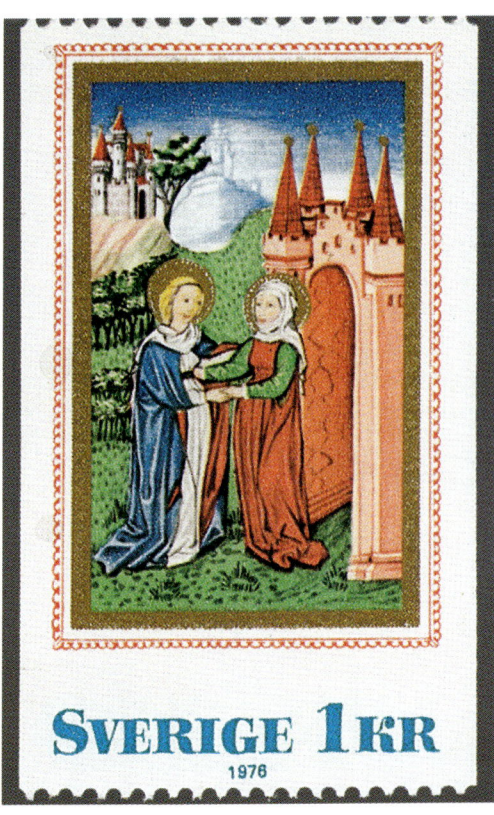

Gestalte eine Briefmarke

Du brauchst:
- Buntstifte
- Prickelnadel oder dicke Nähnadel oder Schere
- ein Stück Teppich als Unterlage

Male die Zeichnung aus dem Buch ab. Mit einer Prickelnadel oder einer Schere kannst Du die »leere« Briefmarke heraustrennen und sie so anmalen, wie eine Briefmarke nach Deinen Wünschen eben aussehen soll.

17. Dezember

Die Wunschzettel

Auf dem Kiepenkerl-Weihnachtsmarkt in Münster gab's vor ein paar Jahren einen kleinen Stand, der nur Wunschzettel anbot. Es waren wunderschöne Wunschzettel, auf denen Kinder ihre Weihnachtswünsche ans Christkind aufschreiben sollten. Das ganze Jahr über hatte Klaus, der Verkäufer, an diesen zauberhaften Zetteln gemalt – auf jedem war übrigens auch ein kleiner Wichtel zu sehen.

Klaus stand Tag für Tag auf dem Markt, aber leider leider verkaufte er keinen einzigen Wunschzettel, denn kein Kind konnte zu ihm durchdringen. Links war Klaus von einem Glühweinstand und rechts von einer Reibekuchenbraterei so schlimm eingekeilt, daß die Erwachsenen, die stets in dicken Trauben zu den Nachbarn drängten, jedweden Durchgang für Kinder blockierten. Und die Erwachsenen benötigten keine Wunschzettel ans Christkind, weil sie sich ja jeden Wunsch selber erfüllen können, außer vielleicht so einen schicken Ferrari, aber den würde sowieso nicht das Christkind bescheren, sondern nur ein dickliches Bankkonto.

Jeden Tag schnallte Klaus seinen Gürtel ein Loch enger. Schließlich begann er sogar, seine Wunschzettel selber auszufüllen: »Liebes Christkind«, schrieb er, »ich wünsche mir, daß ich alle meine Wunschzettel schnell verkaufe!«

In dem dichten Gedränge, das auf Weihnachtsmärkten herrscht, fällt gar nicht weiter auf, wenn auch Wichtel mittendrin und zwischendurch wuseln. Und das tun sie. Zufällig lasen die Wichtel Klausens Wunsch. »Dem Manne soll geholfen werden«, entschied der oberste münstersche Wichtel, der dort Prinzipal heißt und auf der gleichnamigen Marktstraße wohnt. Das geschah dann auch. Wer nun aber die kompletten Wunschzettel auf einen Schlag gekauft hatte, konnte Klaus hinterher nicht sagen, denn vor lauter Glück hatte er nicht richtig hingeschaut. Aber wozu brauchten die Wichtel all' die Wunschzettel?

In jenem Jahr hatten kurz darauf viele alte und junge Münsteraner am heiligen Abend einen wunderschönen Wunschzettel mit einem Wichtelbildchen darauf im Briefkasten. In Schönschrift war auf jedem etwas ganz Persönliches zu lesen. Auf einem stand zum Beispiel: »Lieber Bernhard, ich wünsche mir zu Weihnachten, daß Du beim Autofahren nicht mehr so dicht auffährst!« Alle Wunschzettel aber trugen ein- und dieselbe Unterschrift: »Dein Christkind!«

Thomas Ostendorf

Wunschzettellied

1. Was wünscht sich das Bübchen: Einen Fußball, ein Spiel, einen Schlitten und ein Auto und dazu noch so viel, und dazu noch, dazu noch, dazu noch so viel.

Was wünscht sich das Mädchen:
Einen Ring, schicke Schuhe,
neue Kleider und ein Fahrrad
und noch vieles dazu,
und noch vieles, noch vieles,
noch vieles dazu.

Was wünscht sich der Papa:
Gans mit Klößen dazu,
viele Platten, viele Bücher
und den ganzen Tag Ruh,
und den ganzen, den ganzen,
den ganzen Tag Ruh.

Was wünscht sich die Mama:
Keinen Zank, keinen Streit,
etwas Schnee und gute Laune
und für jeden viel Zeit,
und für jeden, für jeden,
für jeden viel Zeit.

Was wünscht sich das Mäuschen:
Einen sicheren Platz,
etwas Speck, Wurst und auch Käse,
und dann Ruh vor der Katz,
und dann Ruh vor, dann Ruh vor,
dann Ruh vor der Katz.

Text: Rolf Krenzer – Musik: Detlev Jöcker
Aus „Kleine Kerze leuchte" – Menschenkinder-Verlag, Münster

Traumbescherung

Ich hab' mir was ausgedacht,
Daß mir aber keiner lacht!
Dieses Jahr zur Weihnachtszeit,
Da beschenk ich weit und breit,
Alle Leut – ihr glaubt es kaum?
Jeder kriegt von mir 'nen Traum:
Raben, die Trompete blasen,
Bring ich mit, karierte Hasen,
Eine Fuhre Gummibärchen,
Dreizehn Flaschen voller Märchen,
Bäume, die spazierengehen,
Stunden, die ganz stillestehen,
Hunde, die sich reiten lassen,
Frisch gebrat'nes Eis in Massen,
Schnelle Autos für die Kinder,
Einen Zauber-Wunsch-Zylinder,
Extra-Väter, nur zum Spielen,
Bälle, die von selber zielen,
Eine Müllkippe zu Hause,
Und 'ne Limonadenbrause,
Betten, die im Dunkeln fliegen,
Masern, die wir niemals kriegen,
Sommerschnee auf Rodelwiesen,
Aufblasbare bunte Riesen,
Feuerchen, die knisternd brennen,
Mütter, die nicht schimpfen können,
Badeseen an den Ecken,
Lutschbonbons so lang wie Stecken,
Schulen, nur zum Lachenlernen,
Flugzeugtaxis zu den Sternen,
Sofas, um drauf rumzuspringen,
Lieder, die sich selber singen,
Pulver zum Unsichtbarmachen,
Ein paar kleine, zahme Drachen,
Katzen, die auf Rollschuh'n rennen,
Morgenstunden zum Verpennen,
Wände, um sie anzumalen,
Nüsse ohne harte Schalen,
Einen Löwen zum Liebkosen,
Und statt Ärger rote Rosen.
Hier ist die Bescherung aus.
Sucht für euch das Beste raus!
Gina Ruck-Pauquèt

75

18. Dezember
Zusammenlegbar und wiederverwendbar oder Was ist eigentlich ein richtiger Tannenbaum?

O Gott, 18. Dezember! Höchste Zeit, endlich einen Weihnachtsbaum ins Haus zu holen... Aber was für einen? Und wie stellt man ihn auf?

Der geschmückte Nadelbaum ist das am weitesten verbreitete Symbol des Weihnachtsfestes. Bei uns wird der Weihnachtsbaum oft einfach nur als Tannenbaum bezeichnet, doch dabei ist es selten eine Tanne, die in das festlich geschmückte Weihnachtszimmer gestellt wird. Der Tannenbaum entpuppt sich in der Regel als Fichte oder Kiefer, in anderen Klimagebieten auch als Stechpalme oder Zypresse, im schlimmsten Fall sogar als zusammenlegbarer und wiederverwendbarer Kunststoffbaum.

In Westfalen waren immergrüne Zweige, mit denen zum Jahresbeginn das Haus geschmückt wurde, der Vorläufer des Weihnachtsbaumes. Da Tannen, Fichten und Kiefern in Mittel- und Norddeutschland von Natur aus eher selten waren bzw. gar nicht vorkamen, fanden sich dort vereinzelt nach dem 17. Jahrhundert neben dem Buchsbaum aus dem Bauerngarten vor allem die Stechpalme, Eibe und der Wacholder, die als Weihnachtsbaum geschmückt wurden.

Der »Tannenbaum« setzte sich zunächst beim Adel und dem Bildungsbürgertum in den Städten durch. Bürger- und Handwerksfamilien griffen den Brauch zu Beginn des 19. Jahrhunderts auf. In Westfalen war der Lichterbaum als Teil der weihnachtlichen Feier im Kreise der Familie zunächst auf die Bevölkerung in den evangelischen Landesteilen und die katholische Oberschicht beschränkt. Fast 100 Jahre dauerte es dann noch, bis beispielsweise die katholische Landbevölkerung des Münsterlandes den Weihnachtsbaum und das Weihnachtsfest übernahmen.

Ein wesentlicher Grund für die geringe Verbreitung des Weihnachtsbaumes bis zur Jahrhundertwende in Nordwestdeutschland lag darin, daß in den Wäldern des Flachlandes Nadelbäume so gut wie gar nicht vorkamen. Die Eibe, als einer der wenigen heimischen Nadelbäume, war schon längst aufgrund ihres gut biegbaren Holzes, das man im Mittelalter für Bogen und Armbrust verwendete, in den heimischen Wäldern fast überall ausgerottet worden. Auch in den Mittelgebirgen dominierten noch weitgehend Hoch- und Niederwälder mit Eichen, Buchen und Birken als Hauptbaumarten. Während lange Zeit die Eichenrinde für die Gerbereien benötigt wurde, änderte sich dies mit dem Ende des 19. Jahrhunderts, und die Menschen im Sauerland stellten sich auf die schnell wachsende Fichte, den »Brotbaum« der Bauern, um. An der Wende zum 20. Jahrhundert waren auf einmal im Sauerland größere Bestände in »Weihnachtsbaumhöhe« vorhanden, die das Geschäft mit »Tannenbäumen« flo-

| Fichte | Weißtanne | Lärche | Kiefer |

rieren ließen. Reine Weihnachtsbaumkulturen blieben im Sauerland aber noch lange unbekannt. Vielmehr schlug man die Christbäume in mühevoller Handarbeit bei Durchforstungsarbeiten im Wald.

Als Fichten und Tannen modern wurden, waren sie anfänglich noch recht teuer. So holte man sich in vielen Gegenden Ilex-, Buchsbaum-, Kiefern- oder Mistelzweige in die Häuser. Besonders beliebt blieben bis heute die Stechpalmen mit ihren roten, dekorativen Beeren. In den Wallhecken und Laubwäldern des westlichen Westfalens war diese immergrüne Strauchart schon immer recht häufig.

Doch nicht überall in Deutschland hat sich der Weihnachtsbaum durchgesetzt. In einigen Gegenden ersetzen ihn andere Lichterträger, z.B. figürliche Engel oder Bergmänner, manchmal, wie beispielsweise im Erzgebirge, auch geometrische, aus Holz geschnitzte Lichterbögen sowie holzgeschnitzte, meist dreistöckige Weihnachtspyramiden mit figurenreichen weihnachtlichen Szenen, die sich durch ein von der Wärme der umgebenden Kerzen bewegtes Windrad drehen.

Früher konnte man sich seinen Baum nicht immer aussuchen, und so mußte der Natur ein wenig nachgeholfen werden, um die Zweige des »*Tannenbaums*« gleichmäßig symmetrisch um den Baum zu verteilen. Mit ein wenig Geschicklichkeit und einem Handbohrer wurden daher einzelne Zweige versetzt. Ein anderes Problem stellte auch der lange Zeit fehlende Christbaumständer dar. Als Ersatz stellte man einige Ziegelsteine auf den Tisch und den Baum dazwischen.

Während der perfekte Christbaumständer noch immer nicht erfunden ist, brauchte man sich um die Symmetrie eines modernen Weihnachtsbaumes (fast) keine Sorgen mehr zu machen, denn fast alle »*Tannenbäume*« werden heutzutage in speziellen Weihnachtsbaumkulturen herangezogen und kurz vor den Festtagen allerorten angeboten. Als Weihnachtsbaum spielt die Tanne – genauer: die Weißtanne – jedoch schon lange nur noch im Lied eine Rolle. Da ihr Wipfel nicht die richtige Form hat, wird sie von vielen Käufern verschmäht. Nachdem zeitweise kostengünstige Fichten sehr beliebt waren, werden heute mehr und mehr »*Edeltannen*« verkauft. In jüngerer Zeit werden unter dieser Bezeichnung vor allem in Plantagen gezüchtete Nordmannstannen angeboten, so daß man wieder mit einigem Recht das Lied »O Tannenbaum« singen kann.

Doch woher stammt eigentlich die begehrte Nordmannstanne? Ihr natürliches Verbreitungsgebiet liegt nicht, wie der Name vermuten läßt, im Norden Europas, sondern in den küstennahen Bergregionen Nordost-Anatoliens und im westlichen Kaukasus. Die Nordmannstanne, die ihren Namen von einem finnischen Botaniker erhalten hat, ist ein typischer Baum der Gebirge. Wirtschaftliche Bedeutung hat sie bei uns vorwiegend als Weihnachtsbaum. Hierfür ist die Art besonders beliebt, da sie kerzengerade wächst und tief und regelmäßig beastete Bäume ausbildet, mit dunkelgrünen und glänzenden Nadeln.

Doch wie erkennt man eigentlich, ob man im vorweihnachtlichen Trubel tatsächlich ei-

| Schwarzkiefer | Weymouthskiefer | Wacholder | Eibe |

Buchsbaum   Stechpalme

nen echten »Tannenbaum« erwischt hat? Als Unterscheidungsmerkmal bieten sich vor allem die Nadeln an. Fehlen sie im Winter ganz, hat man es mit einer Lärche zu tun, die aus diesem Grund als Weihnachtsbaum wenig Freude bereitet. Wachsen sie in Büscheln zu 2-5 Nadeln, handelt es sich um eine Kiefer. Bleiben noch Fichte und Tanne, deren Nadeln jeweils einzeln am Zweig stehen. Hier bietet sich ein »Fingertest« an, bei dem man die Nadeln zwischen zwei Fingern rollt. Was bei den abgeflachten Nadeln der »echten« Tanne schwerfällt, funktioniert bei der Fichte dank der vierkantigen Nadeln meist problemlos.

Doch auch die schönste Tanne beginnt spätestens zum Dreikönigsfest zu rieseln und verliert die Nadeln. Und spätestens dann stellt sich die Frage, ob es eigentlich ein Widersinn ist, daß ein Baum abgeschlagen wird, um als Sinnbild ewigen Lebens ein paar Tage gefeiert zu werden?   *Bernd Tenbergen*

Drei Tage nach dem heil'gen Christ.
Da lag er draußen auf dem Mist.
Der Wind strich durch sein grünes Kleid.
Dahin ist alle Herrlichkeit.

Weihnachtsbaumstatik

Ehrlich gesagt, über die richtige Statik von Weihnachtsbäumen gibt es nirgends überzeugende Literatur oder vernünftige Nachschlagewerke. Ich hab' lange gesucht und bin nicht fündig geworden. Da mußte ich dann leider selber nachdenken und Geschichten einsammeln über die Art und Weise, wie Tannenbäume ordentlich zum Stehen gebracht werden.

Exempel Nummer eins. Ein guter Freund hat für viel Geld eine edle Fichte erworben. Er geht in den Keller und sucht nach dem *chuten* alten Tannenbaumständer. Der ist leider kaputt. Ein Bekannter hat gottlob einen Reservetannenbaumständer. Der ist aber leider auch kaputt.

Die Zeit drängt, Heiligabend naht. In der Garage meines Freundes wird mit Hilfe jugendlicher Nachbarn gebastelt, gebosselt, sogar geschweißt, *aowwer et hölpet nicks*. Verzweiflung bedroht den Frieden der stillen Nacht, und der Sekundenzeiger läuft und läuft und läuft.

Schließlich kommt die rettende Idee in die Garage; sie kommt geflogen, sozusagen, wie 'n Engelken: »Wir stellen den Baum in einen Korb, legen Steine um den Stiel, und dann wird *dat Dier* die richtige Statik haben.«

Hat es aber nicht. Nun spielt mein Freund den Engel weiter: Der Korb wird erhöht und damit auch der Tannenbaum. Dessen Spitze ist nun zwar krumm und klemmt unter der Decke fest. Doch immerhin, *dat Dier* hat Statik und *staoht guet*. Wie war mein Freund: Spitze! (Rein statisch betrachtet.)

Exempel Nummer zwei. Ich selber hatte vor Jahren auch mal Probleme mit der richtigen Statik von Tannenbäumen. Nach vielen Experimenten griff ich zu einer hölzernen alten, schmiedeeisern verstärkten Ackerwagenradnabe, die ich von meinem Stellwagenmacherehrenobermeistergroßvater geerbt hatte. In das Achsenloch wurde der angespitzte Stiel des Weihnachtsbaumes gesteckt, und drei, vier Jahre lang hatte alles seine Richtigkeit mit meiner Statik. Als es allerdings zum Zimmerbrand kam, Heiligabend 1991, mußte ich diese Art von Statik leider aufgeben und erkennen, daß selbst *chanz* dicke Radnaben *ssso sssicher* auch nicht sind. .

Exempel Nummer drei, weil aller guten Dinge drei sind. In einer Familie im oldenburgischen Münsterland gibt's Weihnachten 1994 ebenfalls Probleme mit der richtigen Statik von Tannenbäumen. Jung und alt, zwei Generationen, leben unter einem Dach. Der Schwiegersohn des Hauses kauft in der nächsten Baumschule ein Riesenprachtstück von Weihnachtsbaum, natürlich viel zu hoch fürs Wohnzimmer. Heinrich kommt nach Hause, stellt entsetzt die Überlänge seiner Fichte fest und denkt laut über die Statik der Gemütlichkeitsbäume nach.

Oppa Theodor hat mit der Statik keine Probleme. Ganz praktisch holt er eine Säge, teilt den Tannenbaum in zwei Hälften und spricht: »*Ssso*, die Spitze kriegt ihr. Für *Omma* und mich reicht der Rest.«

Oppa Theodor ist, ehrlich gesagt, für mich der beste Weihnachtsbaumstatiker Deutschlands.

Ssso, ihr lieben Jungs von Landjugend, CAJ, DLRG und was weiß ich noch alles, nun will ich euch mal was *sssagen*. Wenn ihr nach dem Dreikönigstag bei den Leuten die endlich abgenadelten Tannenbäume abholt, weil 'n bißken Geld in die Vereinskasse fließen soll, dann denkt bitte auch mal 'n bißken drüber nach, wie schwer eure Kundschaft es hatte mit der richtigen Statik von Weihnachtsbäumen.

Rainer A. Krewerth

19. Dezember

Die schöne Schulzentochter

Es ist noch gar nicht so ewig lange her, da hatten noch fast alle Bauernhäuser im westlichen Münsterland Strohdächer. Damals gab es gerade dort noch jede Menge Wichtel, weil sie sich auf den Heuböden unter den Strohdächern besonders wohlfühlten.

So war es auch in der Bauerschaft Grütlohn bei Borken, wo auf einem stolzen Schulzenhof ein schönes Mädchen heranwuchs. Ihre Haare waren so blond und dick wie das Strohdach auf dem Haupthaus, ihre Augen blitzten so blau wie das blanke Eis auf der Gräfte, und ihre Lippen waren so rot und prall wie der saftigste Schinken im Rauchfang überm offenen Herdfeuer.

So wunderschön des Schulzen einziges Kind war, so entsetzlich einfältig war es aber auch, was jedoch keinen Burschen im weiten Umkreis davon abhielt, ihr den Hof zu machen, denn der Schulze war so reich wie sonst nur die Bauern im Klei jenseits von Coesfeld.

In seinem Unverstand hatte sich das dumme Ding aber in den Kopf gesetzt, denjenigen Bewerber zum Mann zu nehmen, der ihm zu Weihnachten einen leibhaftigen Wichtel schenken würde, denn es hatte von den Wichteln als wahren Glücksbringern gehört, und Schulzens Töchterchen wollte zu Schönheit und Reichtum auch immerwährendes Glück besitzen. Die Wichtel, die wegen ihres sagenhaften Fleißes und ihrer uneigennützigen Mithilfe den gutwilligen Menschen wirklich Glück bringen, hörten dies mit Schrecken. Die ledigen jungen Männer im Westmünsterland dagegen vernahmen es mit Freude, und jeder suchte seine Chance – und eines Wichtels habhaft zu werden.

Das war alles andere als leicht! Die einen wollten einen Wichtel mit seinem typischen Leibgericht, nämlich Grünkohl mit Mettwurst, anlocken und einfangen, weshalb ein großes Grünkohlkochen zu Weihnachten anhub. Andere versuchten es mit Rübenkraut auf Pumpernickel, wieder andere verkleideten sich als unbedarfte Kiepenkerle und zogen mit Doppelkorn und Knochenschinken über Land. Ohne greifbaren Erfolg. Alles mußten sie schließlich selber verzehren, und sie gewöhnten sich daran.

Da kamen ganz gewitzte Burschen auf die Idee, einen Wichtel mit Musik zu überlisten, denn man glaubte die Wichtel sehr musikalisch. Aus großen Kuhhörnern, aus Kupferblech, aus gebranntem Ziegelton und aus gedrechseltem Holz fertigten sie sich Blasinstrumente, die aber nur einen einzigen Ton hervorbrachten und Rieten genannt wurden, und es setzte während des gesamten Advents bis hin zur Heiligen Nacht ein so großes Tuten hinter den westmünsterländischen Hecken und Zäunen ein, daß man vermeinen konnte, im hohen Norden auf der Elbe bei dichtem Schiffsverkehr in noch dichterem Nebel unterwegs zu sein. Allerdings war genau deswegen kein einziger Wichtel unterwegs.

Die wirklich musikalischen Wichtel taten das einzig Wahre: Sie zogen in eine wirtlichere Gegend fort. So blieb das Glück dem Schulzentöchterlein abhold und ebenso ein tüchtiger Ehemann.

Thomas Ostendorf

Meine kleine Kerze

Meine kleine Kerze
leuchtet durch die Nacht,
weil die kleine Kerze
alle fröhlich macht.
Leuchtet in die Nacht hinein,
daß sich an dem Kerzenschein
alle Leute, groß und klein,
immer wieder freun.
Alle Leute, groß und klein,
immer wieder freun.

Weil die kleine Kerze
alle fröhlich macht,
leuchtet meine Kerze.
Gebt auf sie gut acht!
Leuchtet in die Nacht hinein,
daß sich an dem Kerzenschein
alle Leute, groß und klein,
immer wieder freun.
Alle Leute, groß und klein,
immer wieder freun.

Text: Rolf Krenzer – Musik: Detlev Jöcker
Aus „Kleine Kerze leuchte"
Menschenkinder-Verlag, Münster

Gieß selber Kerzen

Du brauchst:
- alte Kerzenstummel
- gewachste Dochte (im Bastelladen zu kaufen)
- Ausstech-Förmchen aus Metall
- Zahnstocher
- leere Konservendose
- alte Schöpfkelle
- einen flachen Kochtopf mit Wasser
- Knetmasse

Lege die Kerzenstummel in die Blechdose und stelle die Dose in einen Kochtopf mit Wasser. Erhitze das Wasser, bis das Wachs geschmolzen ist.

Drücke die Förmchen leicht in Knetmasse, damit das flüssige Wachs beim Gießen nicht nach unten ausläuft. Um den Docht richtig anzubringen – schön in der Mitte der Kerze und von oben bis zum unteren Ende – mußt du so vorgehen: Wickel ein Stückchen gewachsten Docht so um einen Zahnstocher, daß ein freies Endchen davon (so lang wie das Förmchen tief ist) seitlich davon absteht: Dieses Stück wird der Docht für Deine Kerze. Lege jetzt den Zahnstocher quer über das Förmchen, wobei das freie Dochtstückchen in der Mitte nach unten ins Förmchen reichen soll, während das obere Ende vom Zahnstocher gehalten wird. Gieße nun das Wachs mit der Schöpfkelle in das Förmchen. Lasse das Förmchen einige Zeit abkühlen. Nach ein paar Minuten solltest Du noch etwas Wachs nachgießen.

Ist die Kerze völlig erkaltet, kannst Du sie aus der Knetmasse herauslösen und aus dem Förmchen drücken.

20. Dezember

Rübezahl

Am äußersten Ende von Schreiberhau, mitten im Riesengebirge, da, wo man den schönsten Blick auf die Schneekoppe hatte, wohnte die Anna Teschner in ihrem Häuschen. Einmal war es ein Haus voller Leben und Freude gewesen, als die junge Anna den nur wenige Jahre älteren Paul Teschner geheiratet hatte und ein Jahr danach der kleine Wilhelm zur Welt gekommen war. Das war lange her. Paul war früh gestorben. Seine Lunge hatte der Glasbläserei in der Josephinenhütte nicht standgehalten.

Die Glashütte war das Zentrum der Werktätigen in diesem Teil des Riesengebirges. Sie ernährte recht und schlecht alle Familien im Umkreis, und von ihr aus gingen die wunderbarsten Glasschöpfungen in alle Welt. Aber die Arbeit war hart, die Leute erkrankten früh und starben, als ihre Kinder noch den Vater brauchten. Anna zog ihren kleinen Sohn tapfer allein auf. Vormittags ging sie putzen, wenn er in der Schule war. Am Nachmittag und Abend machte sie Heimarbeit. Sie flocht reizende Korbsachen, Puppenstühle, Deckelkörbe und Lampenschirme. Ihre Hände wurden rauh dabei, aber es machte ihr Spaß, wenn unter ihnen die hübschen Dinge entstanden.

Der Lohn dafür war gering. Oft reichte er kaum für die karge Ernährung der beiden. An neue Garderobe für den ständig wachsenden Jungen war selten zu denken. Anna stückelte hier und ergänzte da, und das Ergebnis war eine vielfach geflickte Joppe, die Wilhelm unverdrossen zur Schule und überall hintrug.

Gerade als es so weit gekommen war, erbarmte sich Rübezahl der beiden. Der Berggeist, der die Gegend beherrschte und da polterte, wo es galt, hochnäsige Leute zu ducken und aufmüpfige in Schach zu halten, nahm sich mit Vorliebe der Armen an. Anna und ihr kleiner Wilhelm gehörten dazu. Rübezahl nahm sich ein kräftiges Gewitter zu Hilfe, das im Herbst über die Berge rollte. Blitz und Donner fuhren durch die Luft, und der Regen fiel nur so vom schwarzen Himmel. Ein Wetter, um Fenster und Türen fest zu verschließen und sich unter die Lampe zu ducken, denn selbst die dunklen Zimmerecken waren unheimlich. Je später es war im Jahr, desto mehr stürmte es. Als sich der Advent näherte, klopfte es an Anna Teschners Häuschen, dreimal zwischen zwei Donnerschlägen, so laut und wild, daß die Frau glaubte, es brauche jemand ihre Hilfe in dem Unwetter. Rasch und furchtlos öffnete sie die Tür. Draußen war niemand. Der Sturm fuhr ihr in die Haare, daß sie den Kopf senken mußte. Und da entdeckte sie ein großes, verschnürtes Paket vor der Tür. Drinnen im Zimmer legte sie es auf den Tisch und entzifferte die Aufschrift: FÜR ANNA UND WILHELM stand da. »Das is für uns beede, Junge«, sagte Anna und begann, Schnur und Papier zu öffnen. Und dann stand sie ganz still da, und Tränen liefen ihr übers Gesicht.

»Weeßte, wer doas is, Wilhelm – doas is der Rübezahl.«

Mit zitternden Händen zog sie ein warmes Umschlagtuch hervor und darunter eine nagelneue Winterjoppe, zufällig genau in Wilhelms Größe. Wilhelm war skeptisch.

»Gloobste doas werklich, Mutta?«

»Nu ob – gekloppt hat a und denn woar a weg. A Mensch – wo sullte der scho hie sein so schnell bei däm Wetter. Nee, nee – doas woar a, der Rübezahl.«

Anna Teschner zeigte dem Berggeist ihre Dankbarkeit mit einem kleinen Geschenk. Bis Weihnachten sparte sie sich ein paar Extrazutaten für ein typisch schlesisches Gebäck ab. Sie machte einen lockeren Hefeteig, hob tüchtig Rosinen darunter und stach mit dem Löffel kleine Mengen ab, die sie in flüssiges Fett gleiten ließ, das sie auf dem kleinen Herd am Brodeln hielt. Nach wenigen Minuten waren die bizarren Gebilde knusprig braun und füllten das ganze kleine Haus mit ihrem Duft. »Pommelchen« hießen sie, und Anna stellte sie am Heiligen Abend in einer irdenen Schüssel neben der Haustür in den Schnee, schlug ein sauberes, kariertes Tuch darüber und pinnte mit einer Nadel ein Zettelchen daran: DEM RÜBEZAHL.

Zwei Pommelchen behielt sie zurück, die sie mit Wilhelm als Festmahl verspeiste. Die Schüssel vor der Haustür war am nächsten Morgen leer, und Anna war zufrieden.

Im nächsten Jahr wiederholte sich das Geschehen, und im übernächsten noch einmal. Und so ein paar Jahre hindurch, bis der Wilhelm herangewachsen war. Jedesmal während adventlicher Winterstürme lag ein Paket vor dem Teschner-Haus. Und Weihnachten verschwanden die Pommelchen aus der Schüssel vor der Haustür.

Dann war der Junge groß geworden und zog aus dem Hause fort. Er bekam in Hirschberg eine Lehrstelle und besuchte die Mutter an den Wochenenden. Drei Jahre später hörten auch diese Besuche auf. Wilhelm zog nach Breslau. Er war Automechaniker geworden und hatte auf diesem neuen Gebiet gute Aufstiegsmöglichkeiten. Jetzt fuhr er nur noch Ostern und Weihnachten nach Schreiberhau, um die Mutter zu sehen.

Anna Teschners Leben hatte seine Mühsal verloren. Sie ging nicht mehr putzen. Statt der Korbwaren machte sie Häkel- und Strickarbeiten, die in den Handarbeitsgeschäften in Oberschreiberhau an Sommer- und Wintergäste verkauft wurden. Und Wilhelm schickte ihr jeden Monat mit der Post einen ansehnlichen Geldschein.

Eines aber ließ sich die treue Anna auch im Alter nicht nehmen: An jedem Weihnachtsabend stellte sie die kleine Schale mit dunkelbraunen Pommelchen vor die Haustür. Am nächsten Morgen war das Gebäck verschwunden. Anna holte die leere Schale ins Haus und brummelte zufrieden:

»Do hoat's dir geschmeckt, Rübezahl.«

Rotraud Schöne

Im Riesengebirge mit der Schneekoppe war Rübezahl zuhause – und die Anna Teschner.

Lebkuchenbaum

Für den Lebkuchenteig
250g Honig mit 100g Butter oder Margarine, 100g Zucker, 1 Pck. Vanillin-Zucker in einen Topf geben, unter Rühren langsam erwärmen, bis alles gelöst ist, die Masse erkalten lassen. 1 Packung Lebkuchengewürz und 1 Prise Salz unterrühren. 500g Weizenmehl mit 2 schwach gehäuften Eßlöffeln Backpulver und 15g Kakao mischen. 2/3 des Mehlgemischs unterrühren, das restliche Mehlgemisch auf der Arbeitsfläche unterkneten. Den Teig portionsweise etwa ½ cm dick ausrollen, neun verschiedene große Sterne ausschneiden (Ø 4–24 cm) und auf mit Backpapier belegte Backbleche legen. Mit Kondensmilch bestreichen.

Ober-/Unterhitze 180–200°C (vorgeheizt), Heißluft 160–180°C (nicht vorgeheizt), Gas Stufe 3–4 (nicht vorgeheizt). Backzeit 10–15 Minuten.

Aus dem Teigrest runde Plätzchen (Ø 3 cm) ausstechen und backen. Das Gebäck sofort vom Blech lösen, auf einem Kuchenrost erkalten lassen.

Für den Guß
200g Puderzucker sieben, mit soviel von 1 Eiweiß verrühren, daß eine dickflüssige Masse entsteht. Den Guß nach Belieben mit Speisefarben färben, in kleine Frischhaltebeutel füllen. Spitzen vorsichtig abschneiden.

Die Sterne mit runden Plätzchen dazwischen aufeinanderkleben. Den Lebkuchenbaum mit Zuckerguß verzieren. Gezuckerte Lakritzstangen halbieren und mit Smarties als Kerzen auf den Baum kleben.

Das Bild vom Lebkuchenbaum wurde mit freundlicher Genehmigung des Ceres-Verlages, Bielefeld, dem Dr. Oetker-Buch »Backen mit Kindern« entnommen.

O Tannenbaum

O Tannenbaum, o Tannenbaum,
wie treu sind deine Blätter!
Du grünst nicht nur zur Sommerzeit,
nein, auch im Winter, wenn es schneit.
O Tannenbaum, o Tannenbaum,
wie treu sind deine Blätter.

O Tannenbaum, o Tannenbaum,
du kannst mir sehr gefallen!
Wie oft hat nicht zur Weihnachtszeit
ein Baum von dir mich hoch erfreut!
O Tannenbaum, o Tannenbaum,
du kannst mir sehr gefallen.

O Tannenbaum, o Tannenbaum,
dein Kleid will mich was lehren:
die Hoffnung und Beständigkeit
gibt Trost und Kraft zu aller Zeit.
O Tannenbaum, o Tannenbaum,
dein Kleid will mich was lehren.

Der Bunzlauer Weihnachsteller

»Bunzlauer Weihnachtsteller« heißt ein Buch von Rotraud Schöne. Mit vielen Weihnachtsgeschichten führt es uns in das verlorene alte Schlesien zurück. Ihm ist die Geschichte vom Rübezahl auf Seite 82 entnommen.

Aber was hat es mit Bunzlau auf sich? Bunzlau ist eine alte Kreisstadt am schlesischen Boberfluß (heute Boleslawiec/Polen). Durch ihr Pfauenauge-Dekor wurden die Schöpfer des »Bunzeltopps« bis hin nach Westfalen, ja in aller Welt bekannt.

Vor mehr als 160 Jahren hatten die Bunzlauer Töpfer ihr blau-grün-braunes Pfauenauge entwickelt. Sie hatten es der Natur abgeschaut. Farbenfrohe Bunzlauer Keramik wurde nach der Vertreibung der Schlesier 1945/46 im Westen weiter hergestellt. Doch auch in Boleslawiec wurde ab 1948 wieder produziert – jetzt allerdings von tüchtigen polnischen Kunsthandwerkern.

Wer mehr wissen will, sollte sich wenden an *Pfauenauge, Oststraße 8, 48231 Warendorf, Telefon 02581/96253.*

21. Dezember

Kling, Glöckchen, kling

Kling, Glöckchen, klingelingeling,
kling, Glöckchen, kling!
Laßt mich ein, ihr Kinder,
s' ist so kalt der Winter,
öffnet mir die Türen,
laßt mich nicht erfrieren!
Kling, Glöckchen, klingelingeling,
kling, Glöckchen, kling!

Kling, Glöckchen, klingelingeling,
kling, Glöckchen, kling!
Mädchen, hört, und Bübchen,
macht mir auf das Stübchen,
bring' euch viele Gaben,
sollt euch dran erlaben.
Kling, Glöckchen, klingelingeling,
kling, Glöckchen, kling!

Der Weihnachtsmann

Als vor rund einhundertfünfzig Jahren immer mehr Familien in Deutschland begannen, in ihren Häusern und im privaten Familienkreis Weihnachten zu feiern und sich gegenseitig, ganz besonders aber den Kindern Geschenke zu machen, reifte die Vorstellung von einem weihnachtlichen Gabenbringer, der sich pädagogisch wirksam in der Kindererziehung einsetzen ließe, denn gerade zu jener Zeit hatten die Kinder in den bürgerlichen Familien einen neuen Stellenwert erlangt. Anders als das »Christkind« und der heilige Bischof Nikolaus, der im katholischen Westfalen schon seit dem 18. Jahrhundert die Kinder zu seinem Namenstag am 6. Dezember beschenkte, sollte der neue Gabenbringer nicht christlich gebunden, sondern vielmehr überkonfessionell »neutral« sein. Wie die Spielfigur des Nikolaus sollte er zudem erzieherisch im Sinn der Eltern wirken können, sollte glaubwürdig vorstellbar sein, Unart (»Unartiges«) bestrafen und Art (»Artiges«) belohnen.

Heraus kam ein bürgerlicher, unheiliger Nikolaus–Verschnitt, der Weihnachtsmann. Bis zum Ende des vorigen Jahrhunderts kristallisierte sich in Deutschland sein noch heute gültiges Bild heraus: ein gütiger, stämmiger Mann mit weißem Rauschebart und roter Knubbelnase, auf dem würdevollen Haupt eine rote, weiß und pelzig umrandete Zipfelmütze, eingehüllt in einen langen roten Mantel mit weißem Pelzbesatz und ausgestattet mit einem Jutesack voller Geschenke für die artigen Kinder und Ruten für die unartigen. Leibhaftig tritt dieser Weihnachtsmann heute in vielen tausend Exemplaren allüberall auf der Welt in Kaufhäusern und Geschäftsstraßen auf, und oft genug steckt in der Verkleidung eine Frau. »Hohoho!«

Thomas Ostendorf

No. 7450.

OERI

87

Weihnachtsbäckerei
Ein Spiel für 2 bis 4 Mitspieler

Jeder Mitspieler würfelt zunächst einmal und setzt dann seinen Spielstein auf den Lebkuchen, der die Augenzahl des Würfels anzeigt.
- Wird eine 1 oder eine 6 gewürfelt, oder ist ein Lebkuchen schon besetzt, darf noch einmal gewürfelt werden.
- Jeder Spieler zieht in Richtung seines Lebkuchenpfeils los – zuerst nach außen auf den Kreis, dann gegen den Uhrzeigersinn ganz herum und wieder hinein zu seinem Lebkuchen.
- Kommst Du auf ein Feld mit einem Pfeil zu stehen, rücke in Richtung des Pfeils 3 Felder vor.
- Triffst Du auf einen Stern, setz einmal aus.
- Kommst du auf eine Brezel, darfst du noch einmal würfeln.

Wer ist als erster im Ziel?

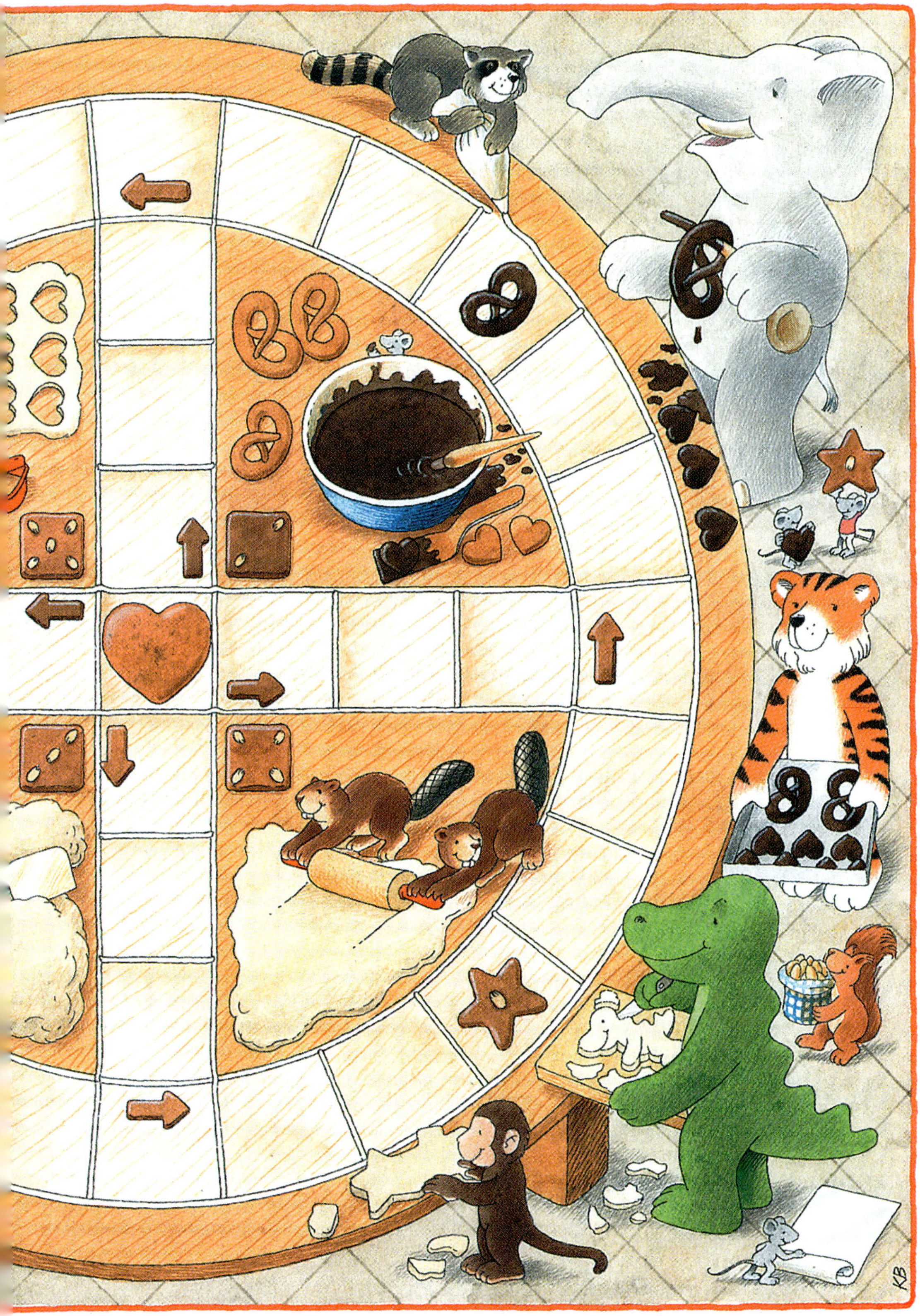
KB

22. Dezember

Pack Geschenke in phantasievolle Päckchen

Du brauchst:
- Toilettenpapierrollen
- Küchenpapierrollen
- verschiedenes Papier (z.B. Zeitungspapier)
- Bänder
- Stoff
- Farbe
- Pinsel
- Klebstoff

Für längliche Geschenke, wie z.B. gemalte Bilder, kannst Du Küchenpapierrollen farbig anmalen. Die Enden/Öffnungen mußt Du entweder mit zerknülltem Papier verschließen oder mit Papier oder Stoffstückchen zubinden.

Für kleine Geschenke kannst Du Toilettenpapierrollen wunderschön anmalen und wie Küchenpapierrollen verzieren.

Alte Schachteln kannst Du mit Papier oder Stoff bekleben.

Auf der Suche nach Bethlehems Stall

Anne Mußenbrock hat sich vorgestellt, wie es wohl gewesen sein könnte, wenn die Hirten in unserem Land gelebt hätten.

Ihr großes buntes Bild zum Zug der Hirten durch Westfalen findet Ihr auf der nächsten Seite. Ein paar Hinweise, welche Orte und Gebäude darauf zu sehen sind, gibt es hier nebenan im Text.

Kommet, ihr Hirten, ihr Männer und Frau'n

Kommet, ihr Hirten, ihr Männer und Frau'n,
Kommet, das liebliche Kindlein zu schau'n.
Christus, der Herr, ist heute geboren,
den Gott zum Heiland euch hat erkoren.
Fürchtet euch nicht.

*

Lasset uns sehen in Bethlehems Stall,
was uns verheißen der himmlische Schall!
Was wir dort finden, lasset uns künden,
lasset uns preisen in frommen Weisen.
Halleluja.

*

Wahrlich, die Engel verkündigen heut'
Bethlehems Hirtenvolk gar große Freud'.
Nun soll es werden Friede auf Erden,
den Menschen allen ein Wohlgefallen:
Ehre sei Gott!

In feinfühlig-phantasievoller Weise hat die Malerin Anne Mußenbrock ihre Hirten durch Westfalen auf Suche gehen lassen – wo ist denn nun der Stall von Bethlehem? Wo kann Christi Geburt geschehen sein? Vielleicht im Bezirk des ehemaligen Stifts Freckenhorst mit seinem berühmten romanischen Bauerndom? In den Zechen und Gruben und Gießereien des Ruhrgebiets? In den Beckumer Bergen um Oelde mit seinem markant abgestumpften Kirchturm? Bei Haus Rüschhaus oder in einer einsamen Windmühle? Irgendwo bei Rietberg mit seinem wunderschönen Fachwerkrathaus? In der Gegend von Schloß Corvey, den Externsteinen oder Minden mit seinem berühmten Dom? Irgendwo bei der Drüggelter Kapelle nahe Soest? Im weitläufigen Gelände von Schloß Rheda oder beim Jagdschloß Holte?

Anne Mußenbrock hat ein gar nicht winterliches, eher fröhlich-herbstliches westfälisches Puzzle geschaffen. Weit war der Weg der Hirten auf der Suche nach Bethlehems Stall, schon früh mußten sie aufbrechen, um ihn zu finden! Versucht doch einmal, das Puzzle zusammenzusetzen: Um welche Gebäude, um welches Naturdenkmal handelt es sich?

Um dem westfälischen Hirtenbild noch ein Glanzlicht aufzusetzen, hat die Malerin bekannte Persönlichkeiten des Landes unter die Schafe gestellt: Professor Landois, Annette von Droste-Hülshoff, das Landstreicherpaar Adam und Eva und den Barockbaumeister Johann Conrad Schlaun. Könnt Ihr sie erkennen?

Alle folgen dem Stern, der über dem westfälischen Bethlehem erstrahlt.

Rainer A. Krewerth

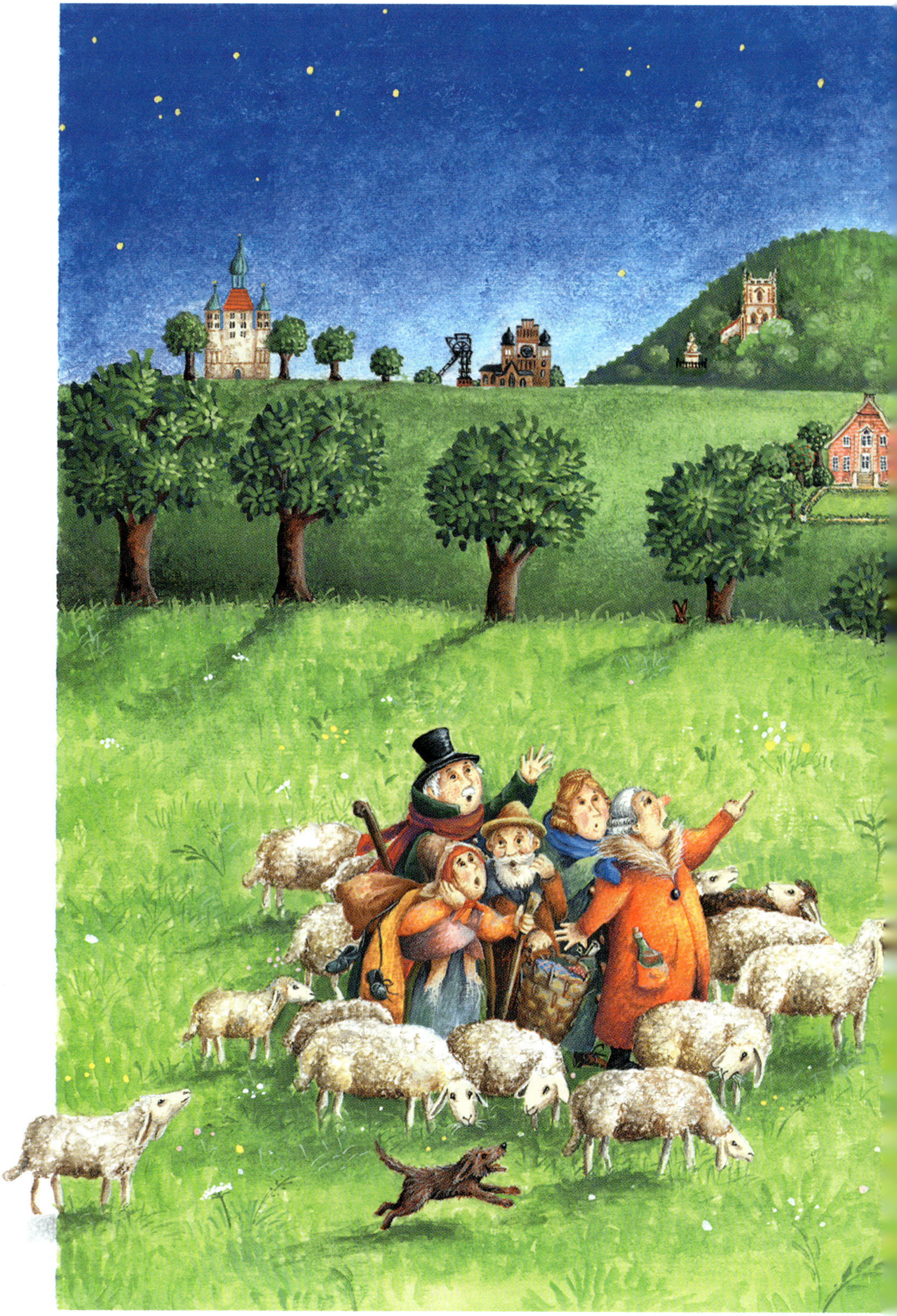

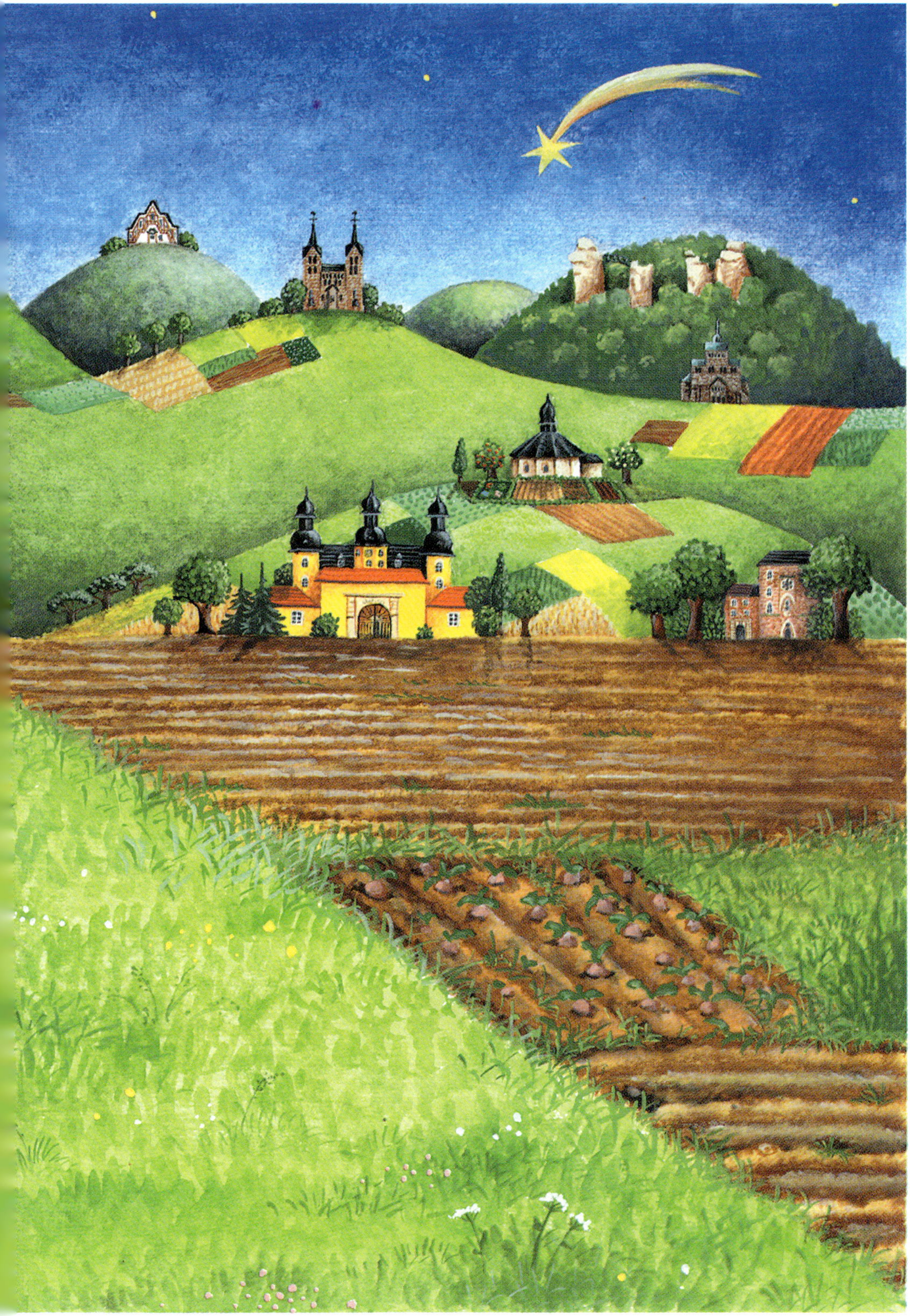

23. Dezember

Ihr Kinderlein, kommet

Ihr Kinderlein, kommet, o kommet doch all,
zur Krippe herkommet in Bethlehems Stall
und seht, was in dieser hochheiligen Nacht
der Vater im Himmel für Freude uns macht.

O seht in der Krippe im nächtlichen Stall,
seht hier bei des Lichtleins hellglänzendem Strahl
den lieblichen Knaben, das himmlische Kind,
viel schöner und holder als Engelein sind!

Da liegt es, das Kindlein, auf Heu und auf Stroh,
Maria und Joseph betrachten es froh.
Die redlichen Hirten knien betend davor,
hoch oben schwebt jubelnd der Engelein Chor.

O beugt, wie die Hirten, anbetend die Knie,
erhebet die Händlein und danket wie sie,
stimmt freudig, ihr Kinder, wer wollt sich nicht freun,
stimmt freudig zum Jubel der Engel mit ein!

Krippenfiguren aus Knetmasse

Du brauchst für die Knetmasse:
- 4 Tassen Wasser
- 3 Eßl. Salz
- 3 Eßl. Öl
- 3 Eßl. Alaun (in der Apotheke erhältlich)
- 7 Tassen Mehl
- Lebensmittelfarbe

Bringe das Wasser zum Kochen und löse Salz, Öl und Alaun darin auf.

Schütte das Mehl hinzu und verknete alles zu einem Teig (Vorsicht: heiß). Je nach gewünschter Farbe kannst Du mit Lebensmittelfarbe den Teig einfärben.

Aus der unterschiedlich eingefärbten Knetmasse kannst Du dir nun Krippenfiguren selber gestalten.

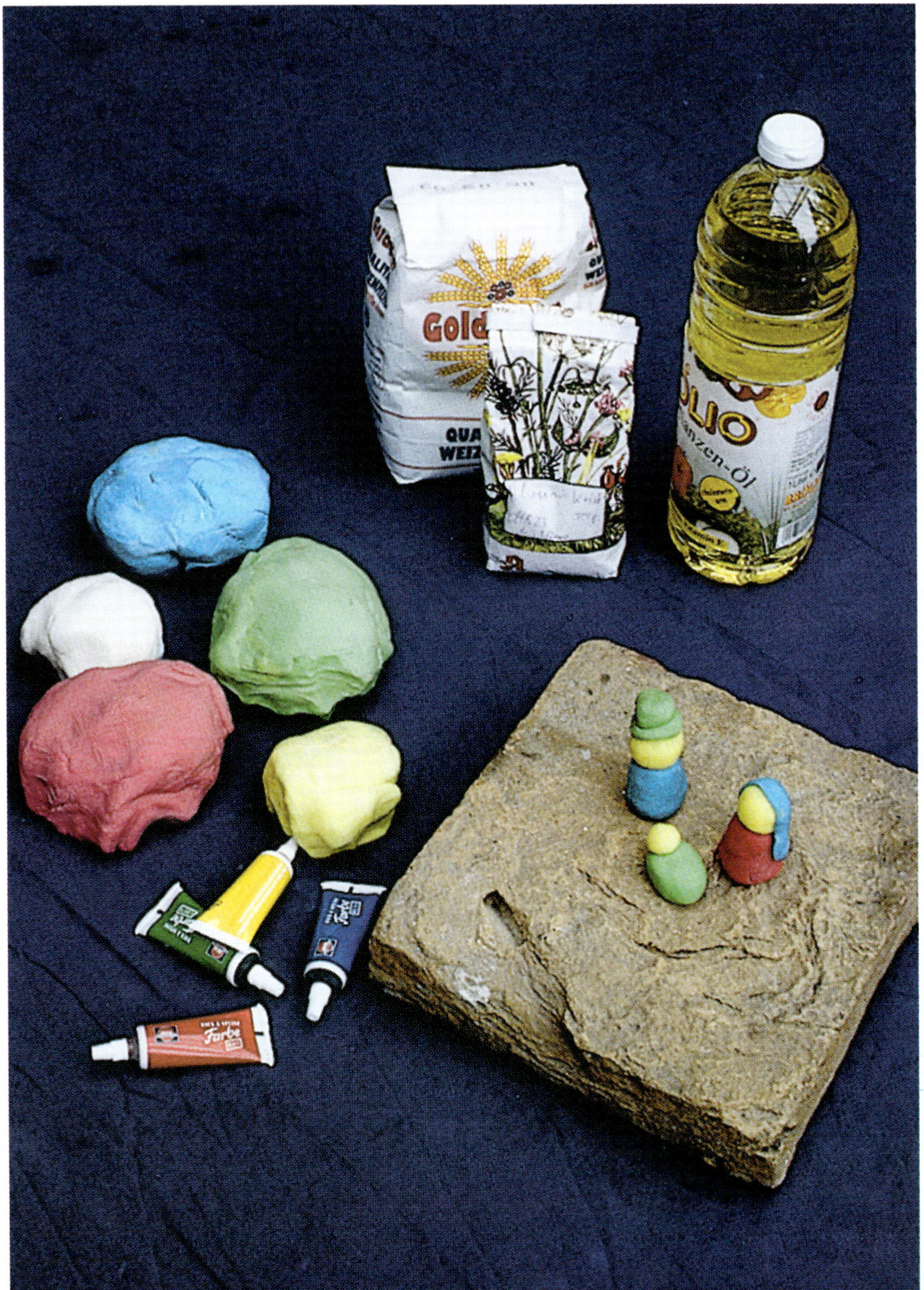
Farbe

Weihnachten zwischen Kitsch und Ergriffenheit

So stellten sich zwischen 1850 und 1938/39 die Menschen ihr Weihnachten vor, geschickte Trivialkünstler und –verleger verbreiteten massenhaft ihre Produktion. *Rechts:* Weihnachtsbaum im Nachbarhaus (Bildpostkarte, um 1910). Der Weihnachtsmann schenkt und droht gleichzeitig *(unten,* 1850er Jahre). *Rechte Seite:* das einzige Privatbild dieser Seiten, »O Tannenbaum, o Tannenbaum...« in der Familie Böckenhoff, Raesfeld, 1938/39. *Daneben*: ein früher Weihnachts-, nämlich Lichterbaum, Lithographie, um 1840. *Darunter:* Trommeln unterm Weihnachtsbaum – herzlich-laute Weihnachtsgrüße, Chromolithographie um 1910. *Daneben*: Der Weihnachtsengel schwebt herbei, um den Armen Gutes zu bescheren (Bildpostkarte, um 1914).

Herzliche Weihnachtsgrüsse!

24. Dezember

Weihnachtsgeschichte

Es begab sich aber zu der Zeit, daß ein Gebot von dem Kaiser Augustus ausging, daß alle Welt geschätzt würde. Und diese Schätzung war die allererste und geschah zur Zeit, da Cyrenius Landpfleger in Syrien war. Und jedermann ging, daß er sich schätzen ließe, ein jeglicher in seine Stadt. Da machte sich auf auch Joseph aus Galiläa, aus der Stadt Nazareth, in das jüdische Land zur Stadt Davids, die da heißt Bethlehem, weil er aus dem Hause und Geschlechte Davids war, auf daß er sich schätzen ließe mit Maria, seinem vertrauten Weibe, die war schwanger.

Und als sie daselbst waren, kam die Zeit, daß sie gebären sollte.

Und sie gebar ihren ersten Sohn und wickelte ihn in Windeln und legte ihn in eine Krippe; denn sie hatten sonst keinen Raum in der Herberge. *Evangelium nach Lukas 2, Vers 1–7*

Die Geburt Christi, eine kretische Ikone aus dem Ikonen-Museum der Stadt Recklinghausen.

Zu Bethlehem geboren

Zacharias ist Priester am großen Tempel in Jerusalem. Er dient Gott. Eines Abends kommt er heim und kann kein Wort mehr reden.

»Was ist geschehen?« fragt erschrocken seine Frau Elisabeth.

Aber Zacharias sagt nur: »A, a, a.«. Nichts weiter.

Was ist geschehen? Als der Priester Zacharias am Altar des Tempels stand, um Gott das Abendopfer darzubringen, da leuchtete mit einem Mal ein wunderbares Licht. Es war der Engel Gabriel. Er kam von Gott und sprach zu ihm:

»Zacharias, deine Frau Elisabeth wird einen Sohn gebären. Der soll Johannes heißen. Er wird der große Bote des Messias sein.«

Aber Zacharias glaubt es nicht. Er denkt, wie kann das sein? Wir sind doch beide viel zu alt, Elisabeth und ich, um noch ein Kind zu haben. Das ist der Grund, warum er nicht mehr reden kann: Er hat Gott nicht geglaubt. Doch es geschieht.

Elisabeth hat eine Nichte, ein junges Mädchen, das Maria heißt. Sie wohnt in Nazareth, das nahe bei Jerusalem liegt. Ein halbes Jahr ist vergangen. Und wieder geschieht etwas Wunderbares: Der Engel Gabriel kommt auch zu Maria.

Er tritt in ihre Wohnung ein und sagt: »Du bist gegrüßt von Gott, Maria. Er hat dich auserwählt aus allen Frauen auf der Welt. Du wirst ein Kind bekommen, einen Sohn von Gott. Du sollst ihn Jesus nennen, denn er ist der Heiland, der Retter Israels und aller Menschen.«

Maria hört voll Scheu und Staunen diese große Botschaft. Sie schweigt und denkt bei sich darüber nach. Dann aber sagt sie still: »Was Gott mir sagen läßt, das soll geschehen. Ich bin doch seine kleine Magd.«

Maria glaubt die Botschaft, die Gottes Engel ihr verkündet hat. Am andern Tag schon packt Maria ein paar Sachen in ein Bündel, geht zu Elisabeth, zu ihrer alten Tante, die im Gebirge wohnt, nahe bei Jerusalem. Sie möchte ihr im Haushalt helfen, bei der Arbeit in der Küche und im Garten und bei ihren Ziegen. Kaum aber ist sie angekommen und in Zacharias' Haus getreten, da spricht Elisabeth voll Freude:

»Du bist von Gott gesegnet! Kann es sein, daß du, die Mutter von Gottes Sohn, zu mir kommst?« Gott selber hat ihr anvertraut, daß auch Maria einen Sohn bekommt, Jesus, den Messias.

Wie Maria diesen Gruß vernimmt, singt sie aus ganzem Herzen Gott ein Lied zum Lob und Dank für das Wunder, das er an ihr und allen Menschen tut.

Wie dann die Wartezeit vorüber ist und Elisabeth ihr Kind bekommt, da fragen alle Leute aus der Nachbarschaft die alte Frau: »Wie soll es heißen«?

Elisabeth schaut Zacharias an, der winkt nur mit der Hand, er ist ja stumm. Doch eine Nachbarin versteht das Zeichen, holt ein Täfelchen zum Schreiben und legt es vor ihn hin. Und Zacharias schreibt darauf:

»JOHANNES«.

Da kann er plötzlich wieder reden. Aus Freude singt auch er ein Lob- und Danklied auf den wunderbaren Gott.

Und alle Leute aus der Nachbarschaft sind voller Staunen und fragen unter sich: »Was wird aus diesem Kind wohl werden?«

Dann kehrt Maria heim nach Nazareth. Sie ist verlobt mit Josef, einem jungen, tüchtigen und sehr beliebten Schreiner.

Eines Tages heißt es auf Befehl des römischen Kaisers: Volkszählung! Im ganzen Lande müssen alle Leute aufgeschrieben werden, am Ort, woher ein jeder stammt. So machen sich auch Josef und Maria auf den Weg nach ihrem Heimatstädtchen Bethlehem im Lande Juda. Es ist drei Tage weit von Nazareth entfernt. Maria reitet auf dem Esel, während Josef den langen Weg an ihrer Seite schreitet durch Staub und Hitze, über kahle Felder, wo es beinah keine Bäume gibt, die Schatten spenden. Sie denken aber immer an das Kind, das wunderbare Kind von Gott, das sie, die junge Frau Maria, unter ihrem Herzen trägt.

Müde und verstaubt gelangen sie nach Bethlehem. Sie sehen gleich, wo sich das Haus mit der Kanzlei befindet. Die Leute stehen Schlange vor der Türe, die ganze Gasse entlang, bis zum Brunnen auf dem Marktplatz. Endlich sind auch Josef und Maria an der Reihe. Sie stehen vor dem langen Tisch, auf dem die Listen liegen, in die sie nun eingetragen werden.

Der Schreiber stellt an sie die ewig gleichen Fragen. Sie klingen müde und mürrisch:

»Name?«

»Ich heiße Josef.«

»Beruf?«

»Ich bin Schreiner.«

»Wohnort?«

»Ich wohne in Nazareth.«

Und so geht es weiter. Der Schreiber stellt die gleichen Fragen an Maria.

Am Schluß zieht Josef seinen Geldbeutel. »Was kostet das«, fragt er den Schreiber.

»Zweieinhalb Denar für dich und zweieinhalb für deine Frau«, sagt der.

Jetzt müssen sie ein Zimmer suchen gehen, wo sie übernachten können. Aber das ist schwierig. Bethlehem ist eine kleine Stadt. Zwar steht ein großes Gasthaus neben der Kanzlei. Doch Josef und Maria sehen auf den ersten Blick: das ist besetzt bis unters Dach. Der Platz davor, der Innenhof, sogar die Lagerräume und die Wiese hinter den Gebäuden sind von Menschen, Zelten, Karren, Bündeln, Eseln und Kamelen überfüllt.

»Da bleibt uns keine Hoffnung auf ein leeres Bett, von einer freien Kammer nicht zu reden«, sagt Josef zu Maria.

Im großen Hoftor vor dem Gasthaus steht ein dicker Mann. Der sieht sich vergnügt das Durcheinander an. Es ist der Wirt.

Josef denkt sich: Fragen kostet nichts, geht auf ihn zu und sagt: »Bitte, Herr, wo könnten wir wohl übernachten? Wär wohl noch irgendwo eine kleine Kammer« – weiter kommt er nicht.

Der dicke Wirt hat sich schon umgedreht, fährt mit der linken Hand abwehrend durch die Luft, was heißt: »Mach, daß du fortkommst, hier ist nichts mehr frei.« Und schon ist er im Innenhof verschwunden.

Der gute Josef ist in großer Sorge. Was soll er tun, wenn er für diese Nacht kein Zimmer findet? Maria trägt ihr Kind in sich, die Zeit für die Geburt ist nahe.

Maria aber sagt zu ihm: »Gott wird uns helfen, sei nicht traurig«.

In diesem Augenblick kommt eine Herde Schafe aus einer Seitengasse und trippelt und trappelt an ihnen vorüber durchs Tor aufs Feld hinaus.

Da kommt dem Josef ein Gedanke. Es gibt doch Wachhütten vor der Stadt. Vielleicht steht eine leer, wenn es nicht regnet nachts. Die Tiere schlafen dann auf freiem Feld.

Maria hat erraten, was er denkt. »In einer Wachhütte oder Höhle ist bestimmt noch Platz für uns. Es wird nicht regnen.«

»Ich hoffe, es gibt da sauberes Heu«, sagt Josef. Er überlegt, wie er den Schafstall für Maria und das Kind herrichten soll. Dann holt er seinen Esel, der am Brunnen steht und trinkt. Und still ziehn sie den Schafen nach durchs Tor hinaus aufs Feld. Sie finden wirklich einen Regenunterschlupf für Schafe.

»Es ist gar nicht so schlimm«, sagt Josef, »schau da, gutes, warmes Heu.« Er will Maria trösten, aber sie ist ganz zufrieden. Das Heu ist wirklich gut und warm, und Josef trägt es schnell zu einem weichen Bett zusammen, zu einem Lager für Maria in der Ecke.

Er findet auch gleich eine Futterkrippe, räumt sie aus, kippt sie auf den Boden, stopft das Heu hinein. Das gibt ein feines Bettchen für das Kind. Deckenzeug und Windeln hat er selbstverständlich mitgebracht.

Draußen auf der Weide schlafen schon die Schafe. Sie liegen eng beisammen. Der Schäferhund schläft nicht. Er wacht, daß nichts passiert. Unter dem Wacholderbaum, der auf dem Hügel steht, vertreiben sich die Hirten ihre Zeit mit Plaudern. Ein kleines Feuer brennt, es geht schon gegen Mitternacht.

»Der Mond geht heute nacht nicht auf«, sagt einer.

»Das macht doch nichts«, brummt ein anderer.

Was ist denn nun los? Da ist die Nacht auf einmal hell, als stände gar die Sonne selber auf der Weide. Das ist ein Engel, nicht die Sonne, ein Engel, ganz aus Licht! Die Hirten können sich nicht rühren vor Angst und Schrecken.

Der Engel aber spricht zu ihnen: »Habt keine Angst, denn hört, ich künde euch eine große Freude. Der Heiland ist geboren. In jenem Stall dort werdet ihr ihn finden.«

Und plötzlich sind unendlich viele Engel da. Die singen wunderbar. Nicht nur die Hirten, auch die Schafe, auch die Sterne lauschen. So singen sie:

»Gott sei die Ehr, Gott sei die Ehr, und Friede allen Menschen, die ihn lieben.«

Wie die Engel ihr Lied zu Ende gesungen haben, sind sie plötzlich verschwunden. Die Nacht ist still und dunkel wie zuvor.

Jetzt springen die Hirten vom Boden hoch. Keiner sagt ein Wort. So schnell sie können, laufen sie zum kleinen Stall am Rand des Hügels. Aber keiner wagt hineinzugehen.

Der Jüngste sieht durch einen Spalt der Türe. Er sagt: »Ich sehe nichts, doch ja, es brennt ein Licht!«

Der zweite Hirt schiebt ihn beiseite, sieht selber durch den Spalt und flüstert: »Ich sehe einen Mann und eine Frau, und oben am Balken hängt eine Laterne.«

Erst der dritte Hirt, der durch den Türspalt sieht, entdeckt das Kindlein in der Futterkrippe. »Da liegt es«, flüstert er, »seid still, das ist der Heiland, der Retter aller Menschen.«

Auf einmal geht die Tür des Stalls von innen auf. Josef steht verwundert auf der Schwelle, mit der Laterne in der Hand. Er hebt sie hoch und sieht die Hirten.

»Was wollt ihr?« fragt er freundlich.

Die Hirten aber wagen nichts zu sagen. Auch Josef weiß nicht, wie er sie ansprechen soll. Vielleicht gehört den Männern diese Hütte, in die er mit Maria ohne langes Fragen eingezogen ist.

»Es tut mir leid«, sagt er, »in Bethlehem war nirgends Platz für uns zum Übernachten, da sind wir halt hierhergekommen. Ich zahle gerne, was ihr wollt, dafür.«

»Laß uns herein, Mann«, bittet da der alte Hirte, »wir wollen doch den Heiland sehen.«

Josef schweigt vor Staunen. Wer in aller Welt hat diesen Männern denn gesagt, daß hier ein neugeborenes Kind liegt und daß es der von Gott gesandte Retter aller Menschen ist?

»Ein Engel hat es uns in dieser Nacht verkündet, beim Wacholderbaum«, erzählen die drei Männer. Und sie berichten Josef, was geschehen ist, als sie beim Feuer saßen.

»Kommt«, sagt er, »kommt herein und seht das Kind. Aber weckt es nicht, es schläft!«

Sie gehen auf den Zehenspitzen hinter Josef her zur Krippe. Da sehen sie Jesus, ganz wie der Engel gesagt hat, in Windeln gewickelt, ein winziges Kindlein, von seiner Mutter Maria geboren in dieser Nacht.

Sie sehen voll Freude mit eigenen Augen das himmlische Kind. Die Hirten stehen still, sie sagen nichts und staunen. Dann fällt der alte Hirt auf einmal in die Knie und singt: »Halleluja!«. Auch die beiden andern knien nieder vor dem Kind. Sie schauen Maria an und sehen, daß sie lächelt.

»Was für eine liebe, schöne Frau«, denkt jeder still bei sich, und alle spüren solch ein Glück im Herzen wie noch nie. Was ist das doch für eine Nacht voll Wunder.

Dann laufen sie nach Bethlehem, es ist noch früh vor Tag, das Stadttor ist noch zu. Sie schlagen mit den Fäusten dagegen, bis der Wächter öffnet.

Zwar schimpft er: »Ihr seid nicht gescheit! Ihr seid verrückt! Was ist denn los?«

Die Hirten aber rufen immerzu: »Hosianna, Halleluja«, und melden voller Freude in der ganzen Stadt: »Jetzt ist er da, jetzt ist er da, Jesus, der Retter der Welt!«

*Nach dem Lukasevangelium
erzählt von Silja Walter*

Als man mich fragte,

was das mit Weihnachten sei,
wo man doch in einer Zeit lebe,
die keinen Raum läßt
für den tieferen Sinn des Festes –
als man mich fragte,
was mir denn so
    für Gedanken kämen,
wenn die Geschichte
mit dem Stallgeruch
wieder neu die Runde macht –
als man mich fragte,
ob mir das noch etwas bedeute,
was damals
    ein paar arme Hirten sahen,
die in die Knie gingen,
obwohl sie schon ganz unten waren –
als man mich fragte,
warum ich
    zwischen Krippe und Kreuz
mein Leben festmache,
während die Dinge dieser Welt
im argen liegen,
sagte ich einfach: »Eben darum!«

Werner Schaube

Beneidenswerte Flüchtlingskinder

Heiligabend in Münster vor 50 Jahren: Schöne Bescherung! Keine Bescherung, denn katholische Kinder wurden erst am Weihnachtsmorgen beschert. Nachmittags wurde ich zum Spielen auf die Schillerstraße geschickt und abends in die Wanne gesteckt. Neidisch hatte ich hier und da festlich erleuchtete Wohnzimmer gesehen. In ihnen feierten protestantische Familien schon Weihnachten – und katholische Flüchtlingsfamilien. Diese versammelten sich anschließend in der Herz-Jesu-Kirche zur einzigen Mitternachtsmesse in der Stadt.

In den angestammten katholischen Familien begann das Fest erst am frühen Morgen mit dem Besuch der »Ucht« (ahd. Dämmerung) – so hieß die Weihnachtsmesse im Volksmund. So ging auch unsere Familie morgens um fünf Uhr zum feierlichen Levitenamt in die Elisabethkirche. Anschließend las Pastor Ludwig noch zwei weitere »stille« Messen. Während dieser Zeit mußten wir noch in der Kirche bleiben, derweil unsere Mutter schon nach Hause gegangen war, um das Frühstück zu richten. Erst danach war »Bescherung«. Sie fiel in der Nachkriegszeit bescheiden aus, ließ aber ein Kinderherz höher schlagen: Es gab einen bunten Teller, etwas Selbstgestricktes aus aufgeribbelter Wolle und ein Spielzeug.

In unserer Familie haben wir diesen Brauch bis in die sechziger Jahre gepflegt. Die Familie eines Arbeitskollegen hat diese Tradition der Bescherung am Weihnachtsmorgen bis heute beibehalten.   *Winfried Daut*

Stille Nacht, heilige Nacht

Stille Nacht, heilige Nacht!
Alles schläft, einsam wacht
nur das traute hochheilige Paar.
Holder Knabe im lockigen Haar,
schlaf in himmlischer Ruh!
Schlaf in himmlischer Ruh!

Stille Nacht, heilige Nacht!
Hirten erst kund gemacht!
Durch der Engel Halleluja
tönt es laut von fern und nah:
Christ, der Retter ist da!

Stille Nacht, heilige Nacht!
Gottes Sohn, o wie lacht
Lieb aus deinem göttlichen Mund,
da uns schlägt die rettende Stund,
Christ, in deiner Geburt!

Joseph Mohr

Am Weihnachtstag

In einer Krippe ruht ein neugeboren
und schlummernd Kindlein;
wie im Traum verloren
die Mutter kniet, Weib und Jungfrau doch.
Ein ernster, schlichter Mann rückt
tief erschüttert
das Lager ihnen, seine Rechte zittert
dem Schleier nahe um den Mantel noch.
Und an der Tür stehn geringe Leute,
mühsel'ge Hirten, doch die Ersten heute,
und in den Lüften klingt es süß und lind,
verlorne Töne von der Engel Liede:
»Dem Höchsten Ehr'
und allen Menschen Friede,
die eines guten Willens sind!«

Annette von Droste-Hülshoff

Die Geburt Christi

Vom hohen Himmel kommst du her
Auf diese kleine Erde,
Damit das sündige Menschenkind
Zum Gotteskinde werde.

Die Menschen bieten dir kein Haus,
So mußt du ruhn im Stalle,
Und nur die Hirten sind noch wach,
Die andern schlafen alle.

Mein liebes Brüderlein im Stall,
Ich muß dich schwer beklagen,
Daß du so arme Wohnung hast
In kalten Wintertagen.

Mein liebes Brüderlein im Stall,
Du hast es schlecht getroffen.
So laß mein Herz dir Wohnung sein,
Es steht dir freudig offen.

Augustin Wibbelt

Alle Jahre wieder

Alle Jahre wieder
kommt das Christuskind
auf die Erde nieder,
wo wir Menschen sind.

Kehrt mit seinem Segen
ein in jedes Haus,
geht auf allen Wegen
mit uns ein und aus.

Steht auch mir zur Seite
still und unerkannt,
daß es treu mich leite
an der lieben Hand.

O du fröhliche

O du fröhliche,
o du selige,
gnadenbringende Weihnachtszeit.
Welt ging verloren,
Christ ist geboren.
Freue, freue dich, o Christenheit!

Christ ist erschienen,
uns zu versöhnen.
Freue, freue dich, o Christenheit!

Himmlische Heere
jauchzen dir Ehre.
Freue, freue dich, o Christenheit!

25. Dezember

Die erste Weihnacht im Westen
oder Ein Fest für Mäuse

Wir lebten in einer kulturell hochentwickelten Landschaft Mittelschlesiens, bei Hirschberg-Bad Warmbrunn. Das Riesengebirge war zum Greifen nahe. Grad um die Ecke lag Gerhart Hauptmanns Haus Wiesenstein im malerischen Agnetendorf. Rübezahl war Tag und Nacht bei uns.

Da lebten wir – lebten da bis Mai 1946 zum Fest Himmelfahrt. Der Zweite Weltkrieg war ein Jahr vorüber, nun vertrieben uns die Polen, denen unsere Heimat zugesprochen worden war. Wir mußten innerhalb weniger Stunden unser Haus verlassen. Wir – das waren meine Mutter, meine zwei Jahre ältere Schwester und unsere 73jährige Großmutter. Vater war im gleichen Frühjahr aus der britischen Kriegsgefangenschaft entlassen worden.

Über Uelzen, mit zweimonatigem Zwischenaufenthalt bei Bad Springe, kamen wir im Sommer 1946 in ein kleines Dorf im Emsland. Vater versuchte, sich dort als Tierarzt zu etablieren. Wo waren wir gelandet? Waren aus der Landschaft am malerischen Riesengebirge in eine Welt verjagt worden, wo Fuchs und Hase sich nun wirklich gute Nacht sagten: Moor und Heide und tellerebene Einsamkeit.

Kindheitserinnerungen. Die Großmutter klagte oft: Was waren Hirschberg, Agnetendorf und Warmbrunn gegen dieses Dorf am Ende der Welt, was war unser ärmliches Quartier bei einem nordwestdeutschen Großbauern gegen die sagenumwobene Landschaft am Riesengebirge?! Ich war ein Kind von vier Jahren. Mir schien es nichts auszumachen, beengt und als Verjagter beim Bauern zu leben. Paradiesisch war es dort bei Haselünne, wo vorzüglicher Schnaps gebrannt wurde (und wird). Die Kargheit des Alltags, die wir zwei Jahre zu überstehen hatten, schien mir ganz normal und manchmal sogar aufregend. Einige Anekdoten möchte ich aus dem Gedächtnis zurückrufen in eine völlig veränderte Zeit.

Zwei Zimmer mußte der Bauer für uns räumen – von seiner »besten Stube« eine Hälfte, die bereits durch eine Schiebetür abgeteilt war, und einen dahinterliegenden Raum, der sich nicht beheizen ließ. Im vorderen Zimmer spielte sich der Alltag ab; hier wurde gekocht und gegessen und von den besseren Zeiten in Schlesien erzählt. Für Oma war der Raum gleichzeitig Schlafzimmer. Hinter einem Wandschirm, den Vater selbst gebastelt hatte, stand ihr schmales Bett. Als Unterlage diente ihr ein Strohsack. Aus ihrem großen Haus in der verlorenen Heimat war sie weiß Gott Besseres gewohnt!

Den Paravent hatte Vater übrigens mit Jutesäcken bespannt, die noch aus der Nazizeit stammten. Das verriet deutlich sichtbar der Adler mit dem Hakenkreuz.

Der Wohn-, Schlaf- und Eßraum mußte aber auch als Behandlungszimmer für Hunde herhalten. Vater behandelte nicht nur Großtiere oder untersuchte geschlachtetes Vieh als Fleischbeschauer auf Trichinen. In unserem Allzweckzimmer verarztete er mal einen Jagdhund, mal einen Kettenhund, kupierte Ohren und Schwänze oder verabreichte Wurmkuren.

Die Bauern kamen oft nach Feierabend, manchmal reichlich spät. Oma wurde durch das Gejaule der Hunde, die Gespräche und den Zigarrenqualm immer wieder aufgeweckt, was sie dann wieder an die gute alte Zeit am Riesengebirge erinnerte. Ein Sofa aus der Gründerzeit, ein arg ramponiertes, unbequemes Möbel, stand auch in unserem Vielseitigkeitszimmer. Wenn Besuch zur Nacht blieb, mußte er auf diesem Folterbrett mit seinen bösartig hochstehenden Sprungfedern ausharren.

Zur Adventszeit kam aus Hamburg die »Kümmeltante«, um sich einmal wieder sattzuessen. Die Winterzeit war Schlachtzeit, und da brachte Vater öfters kleine Fleischproben oder auch größere Portionen mit. Sie wurden auf den Fensterbrettern zur Kühlung gelagert. »Kümmeltante« hieß unser Gast aus Hamburg übrigens, weil sie recht gern Vaters selbstfabriziertem Kümmelschnaps zusprach.

Am Nikolaustag 1946 hing zu unserer größten Freude ein Adventskalender an der Wand, ein Geschenk der Hamburger »Kümmeltante«. Dieser Kalender gehört zu den schönsten Erinnerungen an jene ärmlichen Jahre.

Der Winter 1946/47 war bitterkalt. Die Fenster ließen sich oft wochenlang nicht öffnen, Eisblumen dämpften das Tageslicht. Dennoch spielten wir - schon wegen der dräuenden Enge in unserem Allzweckraum – am liebsten draußen oder in den Stallungen und auf der Tenne des Hofes. Unser Schuhwerk bestand aus Holzschuhen, auch Holsken oder Holschken genannt. Gefüttert waren sie mit Stroh. Das ging ja noch. Viel schlimmer waren die kratzigen braunen Strümpfe. Wir Jungen trugen sommers wie winters kurze Hosen. Wenn es kalt wurde, befestigte Mutter sie mit Gummibändern am Leibchen. Bei Jungen, die schnell »ins Kraut schossen«, bildete sich an den Oberschenkeln eine deutlich sichtbar nackte Zone. Dieser Anblick sorgte für Spott und Hohngelächter. Ebenso schlimm war aber die grimmige Kälte an blaugefrorenen oberen Beinpartien.

Hunger hatte ich damals eigentlich immer. Grünkohl aß ich roh, ebenso die Stoppelrüben. Köstlich schmeckten die gekochten Kartoffeln aus der Schweinefutterküche. Und wenn ich Glück hatte, erwischte ich freitags von der Bäuerin ein Stück Buchweizenpfannekuchen – welch eine Seligkeit! Abends gab es Mehl- oder Haferflockensuppen mit Spelzen und Hacheln. Vater war der Meinung: »Was heranwachsenden Tieren guttut, kann auch dem Menschen nicht schaden.« So würzte er unsere Suppen mit Vigantol-Tropfen zur Ferkelaufzucht oder streute eine Prise Muschelmehl über mein Lieblingsgericht, den wunderbaren Kartoffelbrei. Ich konnte noch so bocken – militärisch streng hieß es nur: »Und das wird gegessen!«

Im Schweinestall lag das Plumpsklo. Die Bücher, die sich dort stapelten, hatten nichts mit etwaiger Literaturfreundlichkeit auf dem Hof zu tun. Seite für Seite wurden sie zu anrüchig-hinterlistigen Zwecken verwendet.

Ich weiß nicht, ob ich damals vom Weihnachtsmann oder vom Christkind geträumt habe. Aber ich erinnerte mich an schreckliche Alpträume und entsetzliche Angstgefühle. Da waren wohl die Kriegserlebnisse aus der Kleinkindzeit zu verarbeiten. Später habe ich mir so die Hölle vorgestellt. Aber es ist auch denkbar, daß die Mäuse mir solche tiefen Schrecken einjagten. Die Mausefallen schnappten unaufhörlich, manchmal steckten gleich zwei der grauen Nager drin. Mitunter zogen sie, mit dem Schwanz gefangen, ihre Falle hinter sich her. Und was noch schlimmer war: Sie trieben sogar in Omas Strohsack ihr Lotterleben.

Der Heilige Abend wurde damals im Emsland nicht gefeiert. Das Christkind kam mit seinen kargen Geschenken in der Nacht zum Ersten Weihnachtstag. Während auf dem Hof noch gründlich aufgeräumt und geputzt wurde, stimmten wir Flüchtlinge und Vertriebenen uns auf den Heiligen Abend ein, wie wir es aus Schlesien gewohnt waren. »Ihr Kinderlein kommet...« ist das erste Lied, an das ich mich erinnern kann.

Irgendwann ertönte in Ermangelung eines Weihnachtsglöckchens eine Fahrradklingel. In der Zimmerecke stand strahlend der kleine Weihnachtsbaum, bestreut mit Glimmer, geschmückt mit weißen Pappsternen. Vor allem aber hingen Zuckergußkringel und Herzen, Glocken und Sterne aus Pfefferkuchenteig in den Zweigen – eine wahre Pracht für jene arme Zeit.

Die Geschenke? Bilderbücher, ein kleiner roter Bus, Hühnchen aus Pappmaché und, o Wunder, ein Malkasten von Marabu. Ich war selig, und in meiner Freude merkte ich gar nicht, daß alles schon ein wenig ramponiert war. Meine Schwester bekam eine etwas wacklige Puppenstube mit Möbeln aus Streichholzschachteln und Puppen, die Oma gebastelt hatte.

Spätabends sagte Vater: »Ich glaube, hier im Zimmer gibt es zweibeinige Weihnachtsmäuse, die heimlich am Baum naschen.«

Meine Schwester und ich waren ratlos – wir fühlten uns absolut unschuldig. Aber bei etlichen der süßen Baumkringel fehlten wirklich ganze Stücke.

Des Rätsels Lösung kam am nächsten Tag. Vater kehrte von einer Kälbergeburt heim. Es war schon sehr spät, alles schlief. Um in der Engigkeit unserer Behausung nicht zu stolpern, schaltete Vater das Licht ein. Und da turnten sie alle im Christbaum umher, die vierbeinigen grauen Weihnachtsmäuse. Von all dem leckeren Naschwerk war nichts mehr zu finden.

Wenn Mutter später entdeckte, daß wieder einmal ein Stück Brot angeknabbert war, hieß es bei uns: »Das können nur die Weihnachtsmäuse gewesen sein.«

Gerd Mattheis

Krippkes angucken

Es waren, bei Licht betrachtet, waghalsige Exkursionen damals um 1950. Der Weg durch das winterliche Warendorf – zur Weihnachtszeit an der derben Hand des Großvaters – führte mich sechs-, siebenjährigen Strops von der Neuen Pfarre in die Alte Pfarre. Wir gingen Krippkes angucken, Krippen also, in den Kirchen der Stadt.

Der Weg führte mitten in feindliches Territorium. Daß ich keine Senge bekam, keine Kloppe, nicht den A ... voll und das Jack, nicht den Hintern versohlt, nicht mit Schnee gewaschen und mit Eisbällen traktiert wurde, lag keineswegs an der feierlich frommen, sonntäglich-festlichen Weihnachtstimmung. Der Grund war vielmehr in der ehrfurchtgebietenden, aufrechten Gestalt meines Handwerkergroßvaters Anton Hartmann zu suchen. Seine Eskorte von der Münsterstraße zur Neuen, von dort zur Alten und schließlich zur Paterskirche sicherte mir den trügerischen »Frieden auf Erden«, den die Pfarrer zu Weihnachten verkündeten.

Ich wußte genau, hinter jedem Baum und jeder Ecke an Krückemühle und Kletterpohl, Krickmarkt und Quabbe lauerten Feinde aus der alten Pfarre. Von wegen Frieden auf Erden; die hatten Schiß vor meinem Opa, weiter nix. Nicht fromme Friedfertigkeit, sondern feige Vorsicht ließ ihre Waffen schweigen.

Es klingt heute absurd, war aber alltägliches Faktum: Die Warendorfer Konfessionsgrenze verlief mitten durch die eigene katholische Konfession.

Die Alte Pfarre, St. Laurentius, war 1200 Jahre alt, und das hatte sich in die Herzen und Hirne der Pfarrkinder eingemeißelt. Der Dünkel vieler Generationen ließ sie ihre Nasen auch zu Weihnachten höher tragen. Die Neue Pfarre, St. Marien, zählte 750 Jahre, hatte also auch schon beachtliche Altersringe und Runzeln und Falten aufzuweisen. Doch die Alte Pfarre und deren Pfarrkinder dünkte das eben immer noch neu, dieses Mariengebilde im Westen der Altstadt. Alt – neu, neu – alt: ein verwirrendes Spiel.

Das absolutistische Cuius regio, eius religio – Der Herrscher bestimmt alles, auch die Religion, – hieß in Warendorf, schlicht in den Alltag übersetzt: In meiner Pfarre, auf meinem Territorium, in meiner Straße, auf meinem Bürgersteig habe ich das Sagen. Katholisch waren wir Blagen erst in zweiter Linie. Zuallererst waren wir eben Alte Pfarre oder Neue Pfarre. Weshalb denn auch ein Spottlied hieß: »Neue Pfarre Kippekarre, Alte Pfarre Himmelbett«.

Was mich heute noch, als Täufling der Neuen Kirche, mit großem Stolz erfüllt, ist dies. Nach jedem Krippkesgang mit dem Großvater, über Jahre hinweg, konnte ich aus tiefster Überzeugung sagen: Aber die schönste Krippe haben wir!

Stimmte das denn etwa nicht? Hatten die in der Alten Pfarre etwa so ein schönes Fachwerkhaus als Geburtsort des Jesuskindes? Etwa so herrlich realistische Figuren einschließlich Ochs und Esel? So waschechte westfälische Bauerntracht mit Holsken und bunten Halstüchern? So schönes Moos, so duftendes Heu und Stroh aus Neuwarendorf? Hatten sie nicht, und das sagte ich laut, und so drohten dann wieder Haue und Kloppe und Senge und Schneebälle – demnächst, wenn Opa Anton nicht dabei wäre.

Ob sich etwas geändert hat seit den Jahren um 1950? Heute habe ich längst gute Freunde in beiden Territorien, Feinde auch. Aber das hat nichts mit Alter und Neuer Pfarre zu tun. Die Grenzen haben sich verwischt; es herrscht Waffenstillstand, und das nicht nur zur Weihnachtszeit.

Nur manchmal kommt es plötzlich, für einen kurzen Augenblick, wieder hoch, dieses pfarrliche Territorialdenken, wenn von der Schul- oder Ministrantenzeit die Rede ist oder von längst verblichenen Seelsorgern. Da heißt es dann wohl mal: »Den kannst du doch gar nicht gekannt haben, du warst doch Neue Pfarre.« Und da ist sie dann wieder, die allererste Konfession der Kindheit: Alte Pfarre, Neue Pfarre. Guetgaohn bei den Krippkes!

Rainer A. Krewerth

26. Dezember
Weihnachten im Wandel

Es gibt zwar aus dem Elsaß frühe Belege aus dem 16. Jahrhundert für geschmückte Tannenbäume zu Weihnachten, doch beschreiben sie nicht den Weihnachtsbaum unseres heutigen Gebrauchs: Unser Christ- oder Weihnachtsbaum ist unbedingt ein Lichterbaum. In Westfalen werden solche mit Wachs- oder Talglichtern bestückten Nadelbäume schon seit Jahrhunderten jeweils zu Weihnachten als Kirchenschmuck aufgestellt.

In die Wohnhäuser kam der Weihnachtsbaum in Westfalen, als im Verlauf des vergangenen Jahrhunderts immer mehr Familien begannen, Weihnachten nicht nur in der Kirche, sondern auch zuhause festlich zu begehen. Sie gestalteten sich das Fest im Privaten zeitlich und mit brauchtümlichen Elementen aus, wobei sie sich vielfach am kirchlichen Vorbild orientierten. Wie überall in Deutschland hielten auch in Westfalen Weihnachtsbäume und Krippen mehr und mehr Einzug in die Häuser, neue Weihnachtslieder für den Hausgebrauch entstanden (Ihr Kinderlein kommet, O Tannenbaum), traditionelle Weihnachtsgebäcke verbreiteten sich allgemein (Christstollen, Spekulatius, Lebkuchen) oder wurden jetzt kreiert (Dominosteine), »klassische« Weihnachtsspeisen (Gans, Truthahn, Karpfen) kamen auf die Tafel, »typischer« Weihnachtsbaumschmuck wurde in Massen produziert, und mit dem Weihnachtsmann wurde ein erzieherisch wirksamer Gabenbringer für die Kinderbescherung ins weihnachtliche Leben gerufen.

Die Idee des privaten Weihnachtsfestes wurde zuerst von denjenigen Familien verwirklicht, die bereits die neuen, »bürgerlichen«

Vorstellungen von der Familie aufgegriffen hatten und die wirtschaftlich in der Lage waren, sie auch praktisch umzusetzen. Zunächst waren es großbürgerliche und adelige Familien, später dann das breite Bürgertum. Eine allgemeine Verbreitung des familiären Weihnachtsfestes ereignete sich aber erst zu Anfang unseres Jahrhunderts, vor allem in den Jahren nach dem Ersten Weltkrieg.

Als zum Beispiel in den 1820er Jahren Annette von Droste-Hülshoff als junge Frau bei der familiären Weihnachtsfeier auf der elterlichen Burg bei Roxel schon einen *Weihnachtsbaum* sah, der aus einem pyramidenförmigen Gestell aus Holzleisten bestand, die dicht mit immergrünem Buchsbaum umwickelt und mit Wachslichtern bestückt waren, war auf den Bauernhöfen im Umland Weihnachten noch immer ein rein kirchliches Hochfest und ein Weihnachtsbaum im Haus unbekannt. In späteren Jahren machte man es sich dann einfacher als bei Droste-Hülshoffs, den Lichterbaum herzurichten: Man ging in den Wald und schlug sich eine Fichte. Das vorläufige Endprodukt in der Geschichte des Weihnachtsbaumes ist der von Jahr zu Jahr in verschiedenen Farben ausstaffierte »Stilbaum« mit Glasschmuck und elektrischen Kerzen, die ihren milden Schimmer schon lange vor dem Fest in Geschäften, Vorgärten und auf Balkonen auszustrahlen pflegen.

Mit der neuen Idee der familiären Weihnacht wurde auch der heilige Abend am Vortag des kirchlichen Hochfestes immer beliebter. Seit den 1930er Jahren ist er in Westfalen weit verbreitet und den kirchlichen Festtagen als privates Ereignis vorgeschaltet. Er wurde seither immer mehr ausgestaltet. Damals wurde die Bescherung vom Morgen des Ersten Weihnachtstages schon vielfach auf Heiligabend vorverlegt. Der späte Nachmittag und Abend des Tages erhielten brauchtümliche Regeln, die ganz wesentlich darauf abzielen, die harmonierende familiäre Gemeinschaft herauszustellen: die Zusammenkunft im eigens geschmückten Zimmer in festlicher Kleidung, die ungetrübte und ungestörte private Atmosphäre, das gemeinsame aufwendige Festmahl, das gegenseitige Beschenken und das weitere gemeinschaftliche Handeln etwa beim (sonst seltenen) Liedersingen und Gesellschaftsspielen.

Vielfach liegt der Schwerpunkt von Weihnachten bei uns heute auf Heiligabend. Dann bewahrheitet sich unterm Weihnachtsbaum unser Familienideal. Wie lange das weiterhin so geschieht, hängt vom Selbstverständnis der Familien und von der allgemeinen gesellschaftlichen Entwicklung ab. So ist Weihnachten als wichtigstes gesellschaftliches Fest andauernd im Wandel.

Thomas Ostendorf

Erzmärtyrer Stephanus

Der 26. Dezember, unser zweiter Weihnachtstag, ist der Namenstag des heiligen Stephan. Er ist einer der sieben Diakone aus der Apostelgeschichte. Das Wort Diakon stammt aus dem Griechischen und heißt soviel wie Diener. Stephan gehörte zur christlichen Urgemeinde. Er nahm als Haupt einer Gruppe von Judenchristen eine freiere Stellung zum hergebrachten Tempeldienst und Gesetz ein. Es kam zum Streit mit jüdischen Behörden, zu Kämpfen sogar. Stephanus wurde zu Tode gesteinigt. Er gilt als der erste Christ, der wegen seines Glaubens das Martyrium erleiden mußte. Deshalb wird er als *Erzmärtyrer* bezeichnet.

27. Dezember

Grüße aus Castrop-Rauxel nach Tansania

To Edward Ndandu
MURUMBA
TANZANIA - AFRICA

Castrop-Rauxel, December 27th 1997

Lieber Edward!

Soeben habe ich zum dritten Mal das große Fest in Deutschland überstanden, das sie hier Weihnachten nennen. Es war stressig, und ich hab's noch in den Knochen. Die Deutschen stecken das Fest viel besser weg als ich, aber sie kennen es ja auch von Kindesbeinen an. Am Tag danach haben sie es schon wieder total vergessen. Sie denken jetzt nur noch an den Jahreswechsel.

Weihnachten, das ist für die Christen, die hier in der Mehrzahl sind, am Jahresende der Geburtstag ihres Religionsgründers. Offiziell jedenfalls. Aber kaum einer denkt tatsächlich daran. Allenfalls gehen sie des Geburtstags wegen am 24. Dezember in Massen in ihre Gotteshäuser. Das reicht dann fürs Jahr. Welchen Kult sie aber wirklich feiern, habe ich noch nicht rausgekriegt. Doch ich bin nah dran. Es hat ganz gewiß mit einem Konsumkult zu tun, aber auch mit den Clans, in denen sie Gemeinschaft erleben. Jedenfalls begehen ihn alle Leute, ob nun Christen oder nicht, auf ganz ähnliche Weise: Die kulturellen Verhaltensmuster und rituellen Handlungen stimmen frappierend überein.

Mein lieber Bruder, Du glaubst es nicht! Weihnachten ist das größte und teuerste Fest, das Du Dir denken kannst. Und das längste sowieso: Es dauert mindestens vier Wochen. Es teilt sich in zwei Kulte. Der erste geschieht öffentlich und beansprucht mehrere Wochen. Der zweite dauert nur drei Tage und wird ganz versteckt und privat in den Wohnungen vollzogen.

Zu den wichtigsten rituellen Handlungen gehört der Verzehr besonderer Süßspeisen wie Marzipan, Spekulatius und Christstollen. Diese Süßigkeiten sind offenbar so schwer verdaulich, daß die Deutschen schon im September anfangen müssen, ihren Magen daran zu gewöhnen. Und auch die sogenannten Weihnachtslieder sind anscheinend kultische Pflicht; wochenlang ertönen sie allüberall aus Lautsprechern, obwohl angeblich niemand sie hören will und schon gar keiner mitsingt. Und trotzdem, wenn sie den Superschlager »Stille Nacht« hören, tritt ihnen das Wasser in die Augen, selbst um neun Uhr vormittags im Supermarkt.

Also, der erste Kult dauert etwa vier Wochen und wird täglich begangen, vor allem abends und werktags. Da gibt es zuerst Autokorsos in die Innenstädte, dann Prozessionen durch die Einkaufsstraßen und schließlich einen wahnsinnigen Trubel in den Geschäften. An diesem Ritus nimmt während der Zeit jeder mindestens einmal teil. Die Häuser, die Straßen und die Geschäfte sind dazu mit immergrünen Nadelbaumzweigen und allerlei goldenem und silbernem Zeugs geschmückt. Auf den Zweigen leuchten Glühlampenlichter. Vor allem auf den Balkons der Wohnhäuser. Ganze Wälder holzen die Deutschen für Weihnachten ab. Die Nadelbäume schleppen sie in ihre Wohnorte, Häuser und an ihre Arbeitsplätze, hängen Kugeln dran und stecken elektrische Lichter auf. Daran erfreuen sie sich.

Während der ersten Kultzeit veranstaltet jeder Arbeitgeber eine betriebsinterne Weihnachtsfeier. Manche fangen damit schon im Oktober an. Die Arbeitgeber legen sowieso ungeheuer viel Wert auf Weihnachten. Lieber Edward, Du kannst es Dir nicht vorstellen, aber die Arbeitnehmer erhalten hier einen

Extrabatzen Geld, damit sie den Kult ordentlich mitfeiern können!! Noch weiß ich nicht, was die Arbeitgeber davon haben, aber ich krieg's raus, das sage ich Dir!

Damit das viele Geld auch ausgegeben werden kann, gibt es übrigens eigene Weihnachtsmärkte. Rituell wird dort glühendheißer, gesüßter Rotwein getrunken. Dazu werden als kultische Speise kleine flache, sehr ölige Bratlinge gereicht, die aus geriebenen Kartoffeln bereitet werden. Zusammen genossen bereiten sie Kopfschmerzen und anhaltendes Aufstoßen.

Nach dieser öffentlichen Kultzeit ziehen sich die Deutschen für drei Tage in ihre Häuser und Wohnungen zurück. Dort versammeln sie ihre Kinder um sich. Wehe, wenn sie dabei gestört werden. Auch beim zweiten Kult, der nun für drei Tage beginnt, wird wieder viel Wein getrunken, aber nicht mehr abgekocht und gesüßt. Auch Spirituosen und deutsches Bier werden in Mengen eingenommen. Die Festspeisen sind nun auch nicht mehr so ölig und sogar überaus anspruchsvoll und vielseitig. Jeder ißt jetzt soviel, bis sich ein Völlegefühl einstellt und nichts mehr in den Bauch reingeht. Das kann dauern. Eigentlich ziehen die Deutschen das – jedenfalls in Castrop-Rauxel – die vollen drei Tage lang durch, aber lange nicht jeder hält es aus. Viele hoffen schon am zweiten Tag, Weihnachten möge bald vorbei sein.

Am ersten Tag, den sie Heiligabend nennen, gehen die Deutschen, obschon auch sonst recht reinlich, alle am Nachmittag in die Badewanne oder unter die Dusche. Danach kleiden sie sich in ihre besten Gewänder, als wollten sie die Oper besuchen, aber sie bleiben zuhause, löschen das Licht im Wohnzimmer und schließen es ab. Wenn sie es dann endlich wieder betreten dürfen, was sie im ganzen Land ungefähr zur gleichen Zeit wie auf Kommando tun, sind sie so überaus glücklich, daß sie sich in die Arme fallen, sich gegenseitig »frohe Weihnachten« wünschen und sogar zaghaft anfangen, die wochenlang schon gehörten Weihnachtslieder zu singen. Die Melodien summen sie, doch bei den Texten hapert es doch sehr. Und dann überreichen sie sich alle die Waren, die sie vorher möglichst heimlich eingekauft haben, und ein jeder tut so, als hätte er keine Ahnung, was er da bekommt, obwohl jedem von vornherein klar ist, gegen was er das Gegebene drei Tage später im Geschäft eintauschen wird. Aber so sind die Menschen hier, und nicht nur in Castrop-Rauxel.

Die beiden weiteren Tage des zweiten Kults sind aber kaum noch rituell strukturiert. Am zweiten wird ausgeschlafen und ferngesehen. Das Fernsehprogramm ist dazu so reichhaltig wie das Festessen – bis zum Völlegefühl. Der dritte läuft eigentlich genauso ab, doch flüchten sich dann schon viele Deutsche zu ihren Verwandten, Bekannten oder Freunden. Dort nimmt das Völlegefühl überhand, und die Menschen haben Weihnachten total satt – bis zum nächsten Jahr.

Lieber Edward, Du verstehst jetzt, wie erleichtert ich bin, das Fest unbeschadet überlebt zu haben. Ich gebe aber auch zu, es bei einer deutschen Familie verbracht zu haben, die es anders feiert. Auch das gibt's.

Ich sehne mich nach Murumba, dem Land unserer Ahnen! Dein Bruder Tete!

Mitgeteilt von Thomas Ostendorf

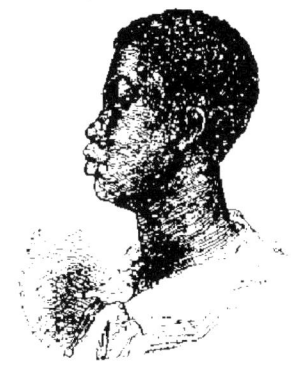

Es ist noch gar nicht so lange her, da standen in den Krippenlandschaften der Kirchen die »Nickneger«. Fromme Christen warfen ein Scherflein in einen Schlitz, und schon begann der Neger zu nicken – das »Heidenkind« bedankte sich für ein Almosen.

28. Dezember

Waffeln, ein köstliches Gebäck

und das nicht nur zur Weihnachtszeit

In der alten Kreis- und Hansestadt Warendorf, dicht an der östlichen Stadtmauer, haben vor einigen Jahren engagierte Bürger ein Häuslein gekauft, ein sogenanntes Gadem, in dem das Leben der »kleinen Leute« um 1925 dargestellt wird. Liebevoll wurde das verrottete Hüttchen wiederhergestellt; finanzielle Hilfen leisteten Staat und Stiftungen, handwerkliche Arbeit – meist kostenlos – ortsansässige Unternehmer und die Enthusiasten bürgerschaftlicher Vereinigungen.

Und das muß man sich nun vorstellen! An einem warmen Frühjahrstag versammeln sich drei, vier, fünf Mädchen, Frauen, Männer, um in diesem Haus, für dieses Weihnachtsbuch eine uralte Köstlichkeit zu backen – Waffeln nämlich aus Urgroßmutters Zeiten. Zunächst wird die »Kochmaschine« angeheizt, der Küppersbusch-Herd aus jenen zwanziger Jahren, hergestellt in Bielefeld und immer noch mit einer exakten Produktionsnummer versehen.

Fleißige Hände rühren den Teig an – siehe Rezept – und füllen ihn in das Waffeleisen. Dieses Eisen aus dem 19. Jahrhundert ist ein kleines Wunderwerk. In seine obere Klappe ist, deutlich lesbar und gußeisern erhaben, die Rezeptur zum Waffelbacken eingefügt. Für unsere Groß- und Urgroßeltern war das aber bestenfalls ein hübscher Schmuck – sie hatten im Kopf, wie man am besten Waffeln backt.

Das Museum der »kleinen Leute« liegt am Zuckertimpen 4 (der Straßenname paßt vorzüglich zum Waffelbacken!). Es ist bis zum Dachboden angefüllt mit den Dingen, die die »kleine Leute« um 1925 zum Leben brauchten.

Das Gadem am Zuckertimpen gehört fraglos zu den kleinsten, aber feinsten Museen in Westfalen. Es ist an Sonn- und Feiertagen von 10 bis 12 und von 15 bis 17 Uhr geöffnet. Vereinbarungen für Gruppenführungen und Sonderveranstaltungen sind möglich über den Verkehrsverein in 48231 Warendorf, Markt 1, Telefon 02581/19433.

Waffelrezepte

Teig:
250 g Butter oder Margarine
100 g Zucker
1 Päckchen Dr. Oetker Vanillin-Zucker
4 Eigelb
125 g Weizenmehl
125 g Dr. Oetker Gustin
6 g Dr. Oetker Backin (2 gestrichene Teel.)
¼ l Sahne
4 Eiweiß

Zum Backen:
Speckschwarte oder etwas Öl

Zum Bestäuben:
Etwas Puderzucker

Das Fett schaumig rühren und nach und nach Zucker, Vanillin-Zucker und Eigelb hinzugeben. Das mit Gustin und Backin gemischte und gesiebte Mehl abwechselnd mit der Sahne unterrühren. Zuletzt das zu steifem Schnee geschlagene Eiweiß darunterheben. Den Teig in nicht zu großer Menge in ein gut erhitztes und gefettetes Waffeleisen füllen und sofort gut verstreichen. Die Waffeln von beiden Seiten goldbraun backen, einzeln auf einem Kuchenrost erkalten lassen und dann mit Puderzucker bestäuben.

Dieses Rezept stammt aus dem Hause Oetker in Bielefeld. Das folgende schrieb Gisela Allkemper in »Das Kochbuch aus Westfalen«, Verlag Wolfgang Hölker, Münster.

Zutaten
150 g Butter, 4 Eigelb, 4 Eiweiß, 300 g Mehl, 1 Vanillezucker, ¼ l Wasser

Die Butter schaumig rühren und nach und nach das Eigelb dazugeben. Das gesiebte Mehl und der Vanillezucker werden abwechselnd mit dem Wasser untergerührt. Zum Schluß hebt man das steifgeschlagene Eiweiß vorsichtig darunter.

Der Teig wird in ein gut erhitztes und gefettetes Eisen gefüllt und goldbraun gebacken.

Die Waffeln werden mit Puderzucker bestreut. Sie schmecken am besten frisch und mit Schlagsahne.

29. Dezember

Heute ist Museumstag

Museen gibt's wie Sand am Meer, nicht nur in Westfalen. Aber »zwischen den Jahren«, wie es so heißt, zwischen dem Zweiten Weihnachtstag und Neujahr, sind ganz besonders jene Museen besuchenswert, die sich mit Themen der »stillen Jahreszeit« beschäftigen. Laßt Euch überraschen, wie vielfältig die westfälische Auslese ist.

Erfragt bitte die jeweiligen Öffnungszeiten der Museen. Gerade in der Ferienzeit ist das besonders wichtig.

Das **Westfälische Römermuseum** Haltern, Telefon 02364/93760, führt in seiner ersten Großvitrine in die Zeit um Christi Geburt ein, als römische Truppen die Lippe aufwärts marschierten. In der Vitrine findet sich das Lukas-Wort: »Es begab sich aber zu jener Zeit, daß ein Gebot von dem Kaiser Augustus ausging, daß alle Welt geschätzt würde«.

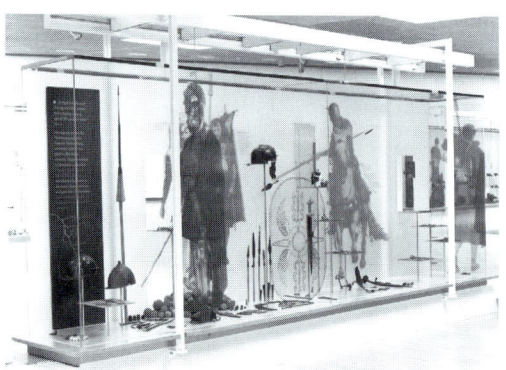

Oktober 1998 war es, in Winterberg–Neuastenberg wurde das **Westdeutsche Wintersportmuseum** eröffnet, Telefon 02981/2534. »Unsere Region ist schicksalhaft mit dem Wintersport verbunden«, heißt es in einem Prospekt. Seht Euch einmal an, was dort an Materialien zusammengetragen wurde – Ihr werdet staunen!

Übrigens, im **Städtischen Heimatmuseum** Lippstadt (könnte ja an Eurem Weg liegen), befindet sich eine wahrhaft sehenswerte Spielzeugsammlung. Telefon 02941/720891.

In 13 Dioramen präsentiert das **Westfälische Zinnfigurenkabinett** im Südsauerlandmuseum Attendorn, Telefon 02722/3711, zauberhaft bemalte Zinnfiguren. Allein die Entstehung und die Geschichte dieser Sammlung sind eine Reise ins südliche Sauerland wert. Info-Material gibt es dort genug.

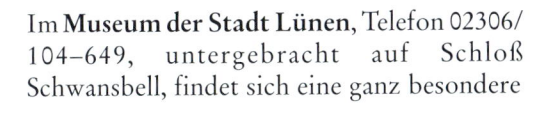

Im **Museum der Stadt Lünen**, Telefon 02306/ 104–649, untergebracht auf Schloß Schwansbell, findet sich eine ganz besondere Abteilung für die »stille Jahreszeit«. Hier wird eine bezaubernde Puppen- und Spielzeugsammlung geboten.

Gescher im westlichen Münsterland ist die Stadt der Glocken. Schon im 17. Jahrhundert ließ sich hier der Glockengießer Alexius Petit nieder. Aus seiner Gründung entwickelte sich die spätere Glockengießerei Petit und Gebrüder Edelbrock, die bis heute Bestand hat. Das **Westfälische Glockenmuseum Gescher** hat die Telefonnummer 02542/607144.

Das **Ikonenmuseum** in **Recklinghausen** gilt als das bedeutendste Museum ostkirchlicher Kunst außerhalb der orthodoxen Länder. Telefon: 02361/50–1941. Hier sind Bilder zu sehen, die in seltener Eindringlichkeit Geschichten sehr farbig erzählen: über Christi Geburt zum Beispiel oder den heiligen Nikolaus.

In Gescher werden seit dem 17. Jahrhundert Glocken gegossen. Ein eigenes Museum erzählt aus der Geschichte der Glockengießerkunst.

Der heilige Nikolaus, Szenen aus seinem Leben – eine nordrussische Ikone des ausgehenden 15. Jahrhunderts aus dem Ikonen-Museum der Stadt Recklinghausen.

30. Dezember
Wie der Wintersport erfunden wurde

Auf der norwegischen Insel Rödöy, an einer Felswand, steht ein Mann auf merkwürdigen Brettern. Er hat sie an seine Füße gebunden und scheint sie zum Rutschen über Schnee und Eis zu benutzen. Ein Jäger? Ja, aber auch ein Skiläufer – vielleicht der erste der Welt. Das Bild an der Felswand ist 6000 Jahre alt. Stein(zeit)alt.

Stil und Haltung des Brett'l-Rutschers sind denn auch danach – vorsintflutlich und in jeder Weise dazu angetan, jeden Skilehrer zu mitleidigem Gelächter zu bringen.

Die Szene auf Rödöy ist nur ein Bild. Altertumsforscher des 20. Jahrhunderts finden in skandinavischen Mooren endlich greifbare Beweise dafür, daß Skilaufen keineswegs eine Erfindung der Neuzeit ist. Bei Hotting in Schweden buddeln sie Bretter aus dem Morast, die wenigstens 4500 Jahre alt sind. »Das älteste Sportgerät der Welt« heißt es bald über die morschen Holzski.

Viel witziger klingt es aus der amtlichen Geschichte der chinesischen T'ang-Dynastie: »Im Osten erreicht man die Holzpferdtürken. Sie pflegen auf Schlitten, die sie an die Füße binden, über das Eis zu laufen. Dabei nehmen sie krumme Äste als Achselstützen und stoßen sich rasch vorwärts.« Das war irgendwann zwischen 618 und 907.

Rund 1000 Jahre später kommt es zu erstaunlichen militärischen Konfrontationen. Zu Beginn des 17. Jahrhunderts kämpfen 1000 Skisoldaten des Zaren gegen polnische Husaren – forsche Reiter gegen flotte Schneeflitzer. Ungewöhnlich ist das alles hingegen nicht. Erst 1828 lösen die Norweger ihre Ski-Truppen auf.

Rund 30 Jahre zuvor hat der deutsche Turner Johann Christoph Friedrich GuthsMuths im Thüringer Wald den Skisport als Volksertüchtigung populär zu machen versucht. Doch die Leute haben nur gelacht oder geschimpft über diesen neumodischen Kram.

Spannend wird es erst mit einem gewissen Sondre Auersen Nordheim, einem Zimmermann aus Morgedal in Norwegen. Er gilt als Begründer der modernen Brettelflitzerei. 1825 wird der Pionier geboren. Sein Leben dreht sich um die Bretter an den Füßen. Mit 50 Jahren noch rutscht er ohne viel Federlesens eben mal die 200 Kilometer von Morgedal nach Christiana, stärkt sich mit einem Imbiß und rutscht zurück. Das ist um 1875.

Mit 35 Jahren – schon hat Sondre Auersen Nordheim eine Bindung mit Fersenzug konstruiert – fliegt er als Skispringer 30 Meter weit von einem Felsblock in die Tiefe.

Dann ist da ein gewisser Jon Thorsteinson, auch er ein Norweger, nur zwei Jahre jünger als Nordheim. Er hat einen guten Riecher, denn er wandert nach Nordamerika aus, wo er sich Thompson nennt. Amerika liegt im Goldfieber; da werden mutige Kerle wie Thompson gebraucht. 1854 bietet er an, auf seinen Ski die Post von Placerville nach Kansas City zu schleppen. Das sind mehr als 140 Kilometer über die verschneiten, vereisten Pässe der Sierra Nevada. »Ein Todeskandidat«, sagen die Amerikaner, »ein Selbstmörder.« Doch Thompson kommt durch. Drei Tage braucht er, drei endlos lange Tage durch die weiße Hölle. Der Umweg, der bis dahin üblich war, hatte ein Vierteljahr gedauert. Als »Schneeschuh-Thompson« wird der Norweger in den Staaten berühmt. Er zieht einen Ski-Zirkus auf, der für die damalige Zeit ebenso spektakulär ist wie für uns heute der Wirbel um die winterlichen internationalen Rennen. Profis rasen um satte Gelder die Berge hinab.

1863 erreicht ein tollkühner Amerikaner namens William Metcalf am Big Hill im Onion Valley 115 Stundenkilometer; sechs Jahre später bringt er es auf 140 Stundenkilometer. Und 1873 gibt es die erste Skimeisterschaft der Welt in den Staaten. Die Cracks gehen für 75 Dollar Startgeld ins Rennen.

Blenden wir rund zehn Jahre zurück. Da geschieht in der Schweiz, in dem winzigen Bergbauerndorf St. Moritz, etwas, das als Erfindung der Winterfrische bezeichnet werden darf. Skilaufen und Skisport – wir erinnern uns – sind längst nicht mehr neu; aber nun vermählt sich der Schneespaß einer tollkühnen Minderheit todesmutiger Pioniere mit der geschäftstüchtigen Weitsicht der Schweizer, die bekanntlich das Geld entdeckt haben sollen.

Silvester 1864 in St. Moritz also. In der holzgetäfelten Wirtsstube des Johann Badrutt *(siehe Bild)* zechen einige Snobs aus London tapfer in das neue Jahr. Von den wenigen Einheimischen werden sie wie Exoten bestaunt: »Wer kann nur so dämlich sein, im lausigen Winter in unser Nest zu kommen?!«

Der Wirt aber schmunzelt. Er weiß – oder ahnt –, daß er die Winterfrische erfunden hat. Seine Londoner Gäste waren im Sommer zuvor schon dagewesen, in der Sommerfrische, die längst »in« war.

Er hat ihnen gesagt: »Meine Herren, ich habe gehört, bei Ihnen an der Themse ist es im Winter schrecklich neblig und naß und ungemütlich. Kommen Sie doch lieber hierher in die klare Bergluft von St. Moritz!« Und er hat hinzugefügt: »Wenn ich unrecht habe, wenn es Ihnen bei uns nicht besser gefällt als in London, werde ich Ihnen die Fahrtkosten zurückgeben. Gefällt es Ihnen aber, übernehme ich Ihre Kosten auch. Dann können Sie bis Ostern bleiben.«

Alle Herren bleiben. Johann Badrutt schmunzelt wieder. Er sieht seine Gäste von der Themse in dicken Pelzen über die verschneiten Hänge und über den Julier-Paß fahren. Der Umsatz steigt. St. Moritz wird weltbekannt. Und Johann Badrutt geht als Pionier in die Geschichte der Schweiz ein. Nicht nur den Wintersport für die Massen hat er erfunden; er hat auch die Elektrizität in die Schweiz geholt. Seine Familie unterhält noch heute ein renommiertes Hotel in dem einstigen Bergbauernkaff, in das er vor über 100 Jahren ein paar neugierige britische Snobs gelockt hat.

Der Durchbruch für den weißen Sport kommt aber – zumindest in Deutschland – erst um die Jahrhundertwende. Noch 1890 erhebt die Polizeibehörde in München schwerste Bedenken gegen den ersten Skiclub in Mitteleuropa, den SC München. Einer der Anführer trägt den verdächtigen Namen Finsterlin, und Doppelstöcke führen die Verschwörer auch ein. Vorher gab es nur einen Stock, eine Art Rammstock, mehr als mannshoch. Es dauert lange, bis die Münchner Pioniere die Behörden von ihrer Harmlosigkeit überzeugen können.

Aus heutiger Sicht abenteuerlich verklärte Bilder (Seiten 118-121): Brett'l-Rutscher als Jägersoldaten oder Freizeitsportler im westfälischen Sauerland. Die meisten Motive entstammen dem Buch »Wintersport im Sauerland« von Bärbel Michels, Podszun Verlag, Brilon.

Probleme haben auch die Mitglieder des Skiclubs Todtnau. 1892 machen sie eine Skiwanderung im südlichen Schwarzwald. Ein Redakteur in Konstanz entrüstet sich daraufhin in einem Konstanzer Blatt: »Diese Herren aber haben die Weihnachtsfeiertage zu einer der zwar schönsten, interessantesten, aber auch anstrengendsten aller bisherigen Touren gemacht. In dieser Weise bringt kein guter Katholik, aber auch kein gläubiger Protestant die Weihnachtsfeiertage zu. Waren die Herren Juden, Türken oder Neudeutsche aus Kamerun, ja, dann streiche ich die Segel ...«

Gute alte Zeit des Johann Badrutt, des Finsterlin August, der »Türken von Todtnau«. Nach dem ersten Weltkrieg können weder Polizisten noch Moralapostel den Siegeszug des Weißen Sports aufhalten. Christl Cranz-Borchers, die 1936 in Garmisch-Partenkirchen Gold für Deutschland holt, wird später feststellen: »Keinen anderen Gedanken (als Ski) gab es zu dieser Zeit in ganz Deutschland. Wir waren die ersten Opfer der Begeisterung der Massen.«

Aus der Begeisterung der Massen ist längst handfeste Aktivität geworden. Kinder und Greise, Männlein und Weiblein, Arme und Reiche flitzen heute die Hänge der Alpen und der Mittelgebirge hinab.

Trimm dich im Schnee – jener Johann Badrutt im Bergbauerndorf St. Moritz hatte 1864 einen verdammt guten Riecher. Nur der Eiszeitjäger von der norwegischen Insel Rödöy dreht sich mit Grausen im Grab um. Soviel Rummel hat er nicht gewollt, der erste Skiläufer vor 6000 Jahren.

Rainer A. Krewerth

31. Dezember
Silvester

Seit Papst Innozenz XII. im Jahr 1691 den Jahreswechsel endgültig auf den 1. Januar festgesetzt hat, erlangte der 31. Dezember als Vortag von Neujahr eine dauerhafte besondere Bedeutung. Benannt ist dieser Tag noch heute nach dem hl. Papst Silvester I., der 335 verstorben ist. Es war früher üblich, herausragende Tage im Jahreslauf nicht wie heute mit ihrem Datum im Monatskalender, sondern mit dem Namen ihres jeweiligen Tagesheiligen zu bezeichnen, und am 31.12. ist eben Silvesters Namenstag.

Als letzter Tag im Kalenderjahr hat Silvester zum einen die Aufgabe, das alte Jahr in seinen ausklingenden Stunden fröhlich zu verabschieden, zum anderen die wichtigere, den Wechsel ins neue Jahr so bedacht vorzubereiten, daß es ein gutes werden möge: Was im alten Jahr nicht gut war, soll sich nicht im neuen fortsetzen. Im westfälischen Münsterland ging der Hausvater deshalb früher durchs ganze Haus und räucherte es aus, wobei ihn alle Hausgenossen mit brennenden Lichtern begleiteten – so sollte alles mögliche Unheil aus dem Haus vertrieben werden, damit ein unbelasteter Neuanfang gelingen könnte.

Mit dem »Räuchern« halten es ja noch immer viele Westfalen zum neuen Jahr: Die guten Vorsätze, in der Silvesternacht das leidige Tabakrauchen aufzugeben, sind ja wohl unzählbar. Wie die vielen anderen guten Vorsätze zu Neujahr haben diese das Bestreben, Schlechtes im alten Jahr zurückzulassen.

Je größer die Unsicherheit ist, in der jemand lebt, desto wichtiger erscheint ihm die Zeit eines Wechsels und der möglichen Veränderung seiner Lebenssituation, und desto größer sind die Hoffnungen auf eine gute, gesicherte Zukunft. Mächtig tritt das Verlangen auf, Näheres über diese Zukunft zu erfahren, ob sie gut oder schlecht werden wird, ob sie Glück oder Unglück bringen mag, Freude vielleicht oder Leid. Groß ist auch der Wunsch, das künftige Geschehen zum Guten zu beeinflussen.

So deutlich wie zu keiner anderen Jahreszeit sonst äußert sich dies seit altersher zum Jahreswechsel. Zu früheren Zeiten, als die Lebensumstände insgesamt weit unsicherer waren als heute, war der Übergang vom alten ins neue Jahr von einer Fülle von praktischen Brauchhandlungen und gedanklichen Vorstellungen bis hin zum Aberglauben begleitet. Die – teilweise magischen – Praktiken zielten darauf ab, das Ungute, Unheilvolle und sogar Böse zu vertreiben und nur Glück, Segen und Heil im neuen Jahr walten zu lassen.

Als wirksames Vertreibungsmittel galten landläufig gehöriger Lärm, lautes Getöse und wilde Knallerei in der Silvester- bzw. Neujahrsnacht. Und die Glückwünsche zum neuen Jahr waren beileibe keine leeren Höflichkeitsfloskeln, sondern sie vermochten dem Volksglauben nach tatsächlich Glück zu bewirken. Nicht zuletzt deshalb wurden sie vielerorts von umherziehenden Gruppen den einzelnen Häusern und Familien angesungen. Unerledigte Arbeiten verschleppte man möglichst nicht ins neue Jahr, und wollte man nicht Gefahr laufen, im kommenden Jahr einen Todesfall im Haus zu haben, ließ man die Wäsche zu Silvester tunlichst nicht draußen auf der Leine trocknen. Ansonsten verbotene Glücksspiele waren in der Silvesternacht häufig als Glücksboten erlaubt.

Weil das Bedürfnis groß war, schon vorab zu erfahren, was das neue Jahr bringen würde, sollte der Jahreswechsel den Blick in die Zukunft eröffnen. Die so bizarren Formen beim Wachs- oder Bleigießen ließen sich auf künftige Ereignisse ausforschen. Die erste Begegnung am Jahresbeginn ließ auf Glück hoffen. Am besten war es, wenn einem ein Knabe über den Weg lief; war es eine alte Frau, war Unheil zu befürchten.

Um das Glück zu zwingen, wünschte man es sich gegenseitig und übte das sogar im Wettstreit. Wer den Begegnenden zuerst das »neue Jahr abgewinnen« konnte, wer zuerst die gu-

Auf den Schluß des Jahres

Die Sonne, die aus sich die Zeit gebiert und teilet,
wird mit der Zeit vergehen, so ihrem Ziel zueilet;
doch der ist über Zeit und Sonn und lebt und steht,
dem Gott, die Sonne, scheint, die nimmer untergeht.

*

Was zählt ihr neue Jahr! Es bleibt die alte Zeit,
wer neugeboren wird, erlangt die Ewigkeit.

*

Mein sind die Jahre nicht, die mir die Zeit genommen;
mein sind die Jahre nicht, die etwa mögen kommen;
der Augenblick ist mein, und nehm' ich den in acht,
so ist der mein, der Jahr und Ewigkeit gemacht.

Andreas Gryphius

ten Wünsche anbrachte, war Sieger und hatte damit die besten Voraussetzungen für das Kommende. So vorbedeutungsvoll wie die erste Begegnung wurde das gesamte Geschehen am Neujahrstag eingeschätzt: Genauso würde – im übertragenen Sinn – das ganze Jahr ablaufen.

Die meisten abergläubischen Vorstellungen und Handlungen sind heute, da sich unsere Lebensumstände sehr viel sicherer gestalten, in Vergessenheit geraten. Geblieben ist aber, daß besonders zum Jahreswechsel die Hoffnungen auf eine gute oder gar bessere Zukunft geäußert und dafür Glück und Segen gewünscht werden. Geblieben ist das (heimliche!) Begehren, vorausschauend Hinweise auf das kommende Geschehen zu erlangen, und das (vorsätzliche!) Bemühen, nur das Gute im neuen Jahr zulassen zu wollen. Natürlich blieb uns auch die mitternächtliche Knallerei erhalten – allerdings spricht keiner mehr von bösen Geistern.

Thomas Ostendorf

1. Januar

Was hat es nur mit dem Glück auf sich?

Der französische Schriftsteller Honoré de Balzac (1799–1850) schreibt: »Je glücklicher ein Mensch ist, desto heftiger bangt er um sein Glück.«

Vielleicht deshalb klammert der Volks- und und Aberglaube sich an die sogenannten Glücksbringer. Es gibt unzählige von ihnen. Fangen wir mit den Glückszahlen an: drei, sieben, neun, zwölf. Manche setzen sie beim Lotto ein, andere versuchen, mit Hilfe dieser Ziffern die abenteuerlichsten Berechnungen zu konstruieren. Dann gibt's da das vierblättrige Kleeblatt, den Glückskäfer (nämlich Marienkäfer), den Schornsteinfeger (wer seine rußige Handwerkerkleidung anrührt, wird Erfolg haben). Der arme Schornsteinfeger!

Auf der Straße finden wir den Glückspfennig, und wer sich nicht zu schade ist, ihn aufzuheben und aufzubewahren, ihn möglicherweise in ein Medaillon einarbeiten zu lassen – nun ja, der wird ein Glückspilz sein. Ihm werden Gesundheit und ein langes Leben, Reichtum in Hülle und Fülle und stetige Zufriedenheit geschenkt.

Da braucht er nur eben um die Ecke zu gucken, und schon zockelt ihm so ein Gücksschweinchen über den Weg – noch mehr Glück also. Sein Glücksstern leuchtet fortan über ihm, bei Nacht erscheint ihm die Glücksfee, und im Morgengrauen findet er – vielleicht beim Gang zum Brötchenholen – ein Hufeisen auf seinem Weg zum Bäcker. Dieses Hufeisen aber darf mit seiner Öffnung nur nach oben zeigen, sonst fällt unten das Glück heraus.

Der Mensch bangt stetig um sein Glück, dieses fraglich-fragile Ding. Die Symbole und Figuren seiner Hoffnungen sind letztlich Ausdruck tiefer Ängste.

Aber was ist denn nun Glück? Ein kluges Lexikon verrät uns, es sei ein gesteigertes Lebensgefühl, in dem der Mensch mit seiner Lage und seinem Schicksal einig sei.

Viel Glück im neuen Jahr – und wunschlos glücklich sein auch ohne alle Symbole und Figuren, die doch nur so etwas wie Halteklammern sind! Die Botschaft des Kindes von Bethlehem scheint mir handfester.

Und dennoch. Vor Jahren wurde mir in Masuren ein Hufeisen geschenkt. Ich habe es sorgsam aufbewahrt, Öffnung nach oben, damit nicht unten das Glück herausfällt. Geschadet hat es mir bis heute nicht. Und genützt?

Rainer A. Krewerth

Prosit Neujahr! Das Glück sitzt auf des Schweinchens Rücken,
Im duft'gen Kleeblatt auch kannst Du es blicken,
Und fühlst Du heut' Dich ganz beglückt,
So wisse, ich hab's Dir geschickt.

wünscht Ihnen und Ihren l. Eltern u. Geschwistern
F. Lautzenberg.

Frohe Fahrt ins neue Jahr!

6. Januar

Die heil'gen drei Könige

Die heil'gen drei König' mit ihrem Stern,
Sie essen, sie trinken und bezahlen nicht gern;
Sie essen gern, sie trinken gern,
Sie essen, trinken und bezahlen nicht gern.
Die heil'gen drei König' sind kommen allhier,
Es sind ihrer drei und sind nicht ihrer vier;
Und wenn bei dreien der vierte wär',
So wär' ein heil'ger drei König mehr.
Ich erster bin der weiß' und auch der schön',
Bei Tage solltet ihr erst mich sehn!
Doch ach, mit allen Spezerein
Werd' ich sein Tag kein Mädchen mir erfrein.
Ich aber bin der braun' und bin der lang',
Bekannt bei Weibern wohl und bei Gesang.
Ich bringe Gold statt Spezerein,
Da werd ich überall willkommen sein.
Ich endlich bin der schwarz' und bin der klein'
Und mag auch wohl einmal recht lustig sein.
Ich esse gern, ich trinke gern,
Ich esse, trinke und bedanke mich gern.
Die heil'gen drei König' sind wohlgesinnt,
Sie suchen die Mutter und das Kind;
Der Joseph fromm sitzt auch dabei,
Der Ochs und Esel liegen auf der Streu.
Wir bringen Myrrhen, wir bringen Gold,
Dem Weihrauch sind die Damen hold;
Und haben wir Wein von gutem Gewächs,
So trinken wir drei so gut als ihrer sechs.
Da wir nun hier schöne Herrn und Fraun,
Aber keine Ochsen und Esel schaun,
So sind wir nicht am rechten Ort
Und ziehen unsers Weges weiter fort.

Johann Wolfgang von Goethe

Das Fest Epiphanie und die Heiligen Drei Könige

Die frühe Christenheit kannte als Weihnachtsfest nur das Fest der »Erscheinung« (Epiphanie) des Herrn, das in der Nacht auf den 6. Januar begangen wurde. Als dann im Westen die Geburt Christi am 25. Dezember gefeiert wurde, entwickelte sich hier das Epiphaniefest zum Dreikönigstag.

Die Heiligen Drei Könige, seit dem 9. Jahrhundert Caspar, Melchior und Balthasar genannt, sind nach Matthäus 2, 1-12 Weise, nämlich Magier, die dem Christkind huldigen wollen. Wahrscheinlich waren es die in der Bibel genannten drei kostbaren Gaben – Gold, Weihrauch und Myrrhe -, die sie im gläubigen Volk zu Königen werden ließen. Als 1164 ihre Reliquien von Mailand nach Köln überführt wurden, begann sich ihr Kult von dort aus zu verbreiten. Sie wurden häufig als Reisepatrone verehrt und um eine gute Sterbestunde angerufen.

Die Sternsinger gingen schon im Mittelalter von Haus zu Haus. Als Heilige Drei Könige verkleidet, trugen sie auf einem Stab den »Stern von Bethlehem« mit sich, sprachen und sangen Segenssprüche, Gebete und fromme Lieder und baten um milde Gaben.

Nach dem Zweiten Weltkrieg lebte der uralte Brauch wieder auf. Besonders in katholischen Gegenden kennen wir das Segenszeichen C + M + B, das die Sternsinger – heute sammeln sie meist für die Dritte Welt – auf Hauswände und -türen malen.

Die Heiligen Drei Könige, seit dem 9. Jahrhundert Caspar, Melchior und Balthasar genannt, haben Künstler vieler Epochen fasziniert. Das zeigen die Figuren aus dem Krippenmuseum Telgte ebenso wie das Bild des 1998 gestorbenen westfälischen Malers Albert Stuwe.

Nachweis der Quellen: Herausgeber und Verlag haben sich bemüht, alle Text- und Bildrechte zu klären. Sollte dies im Einzelfall nicht gelungen sein, wird um Nachricht an den Verlag gebeten.

Textquellen: Frederik Vahle, Das Gewicht der Schneeflocke. Aus: Weihnachtsgrüße, Gertraud Middelhauve Verlag, München 1995; Hefeteig-Figuren, Zimtsterne, Knusperhäuschen (Rezepte). Aus: Weihnachtliches Backen, Dr. Oetker-Ceres Verlag, Bielefeld; Gina Ruck-Pauquèt, Traumbescherung, © Autorin; Rotraud Schöne, Rübezahl. Aus: Bunzlauer Weihnachtsteller, F. A. Herbig Verlagsbuchhandlung GmbH, München 1991; Lebkuchenbaum (Rezept). Aus: Backen mit Kindern, Dr. Oetker-Ceres Verlag, Bielefeld; Werner Schaube, Als man mich fragte, © Autor; Augustin Wibbelt, Die Geburt Christi. Aus: Pilgerfahrt. Eine Gabe für die lieben Kommunionkinder, Verlagsgesellschaft Augustin Wibbelt, Essen (1941 oder 1947).

Bildquellen: Titelseite, S. 5, S. 16 oben Annegert Fuchshuber/Sammlung Krewerth; Innentitel, S. 2, 53, 58/59, 72, 74, 92/93, Umschlagrückseite, Tages- und Festsymbole Anne Mußenbrock; S. 3, 4, 18 (r.), 56, 57, 67, 69, 70/71, 75, 79, 87, 94, 96/97, 102, 108, 123, 124/125/126/127 (l.) Museum Heimathaus Münsterland und Krippenmuseum Telgte; S. 6, 14, 22, 32, 34, 36, 37, 42, 44, 46, 52, 60/61 (großes Bild), 63, 65, 81 (r.), 85, 90, 95, 112, 113 Reinhard Pellinghaus; S. 7, 8, 9, 13, (u.), 25, 35, 38, 51, 66, 80, 81 (l.), 105 (u.), 106 Gerd Mattheis; S. 16 (u.) Allwetterzoo-Münster; S. 24 Alfred Kaup; S. 30/31 Marlies Rieper-Bastian; S. 33, 88/89 Klaus Bliesener; S. 48/49/50 Anni Borgas/Aschendorff Verlag; S. 105 (o.) Helmut Tecklenburg.

© 1999 Aschendorffsche Verlagsbuchhandlung GmbH & Co., Münster

Das Werk ist urheberrechtlich geschützt. Die dadurch begründeten Rechte, insbesondere die der Übersetzung, des Nachdrucks, der Entnahme von Abbildungen, der Funksendung, der Wiedergabe auf fotomechanischem oder ähnlichem Wege und der Speicherung in Datenverarbeitungsanlagen bleiben, auch bei nur auszugsweiser Verwertung, vorbehalten. Die Vergütungsansprüche des § 54, Abs. 2, UrhG, werden durch die Verwertungsgesellschaft Wort wahrgenommen.

Gesamtherstellung: Druckhaus Aschendorff, Münster, 1999
Gedruckt auf säurefreiem, alterungsbeständigem Papier ∞
ISBN 3-402-06527-4